내 마음을 지키는
감정 필사

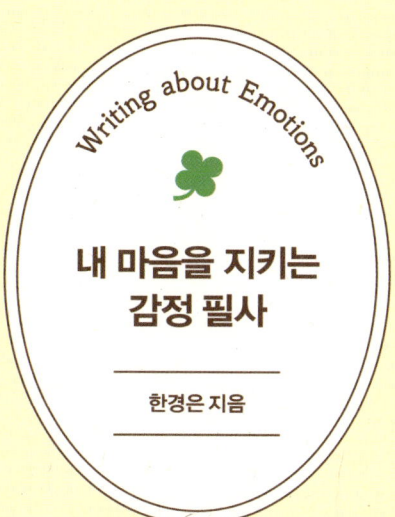

내 마음을 지키는 감정 필사

한경은 지음

PROLOGUE

자신과 삶을 다시 바라보는
가장 느린 방법

제가 필사를 처음 해 본 건 이십여 년 전입니다. 그때 썼던 필사 노트를 꺼내 보니 첫 장에 이런 문장이 적혀 있었습니다.

"아, 이제야 나는 알았다.
이 세상의 인간에게는 제 자신으로 하여금
자신으로 인도되는 길로 가는 것보다
더 마음속으로 거슬리는 일은 없다는 것을!"
- 《데미안》

이 문장을 다시 보는 순간 신기하게도 당시의 호락호락하지 않았던 현실과 고된 마음이 선명하게 떠올랐습니다. 예전에 저는 책을 읽다가 울림 있는 문장을 만나면 정성스럽게 따라 쓰며 마음을 다잡곤 했지요. 한 권의 노트를 다 채우고 나니 마음이 조금은 단단해졌는가 봅니다. 따라 쓰는 재미가 시들해지더라고요. 하지만 좋은 문장을 간직하고 싶은 욕구는 여전히 남아 있었습니다.

'치유하는 글쓰기 연구소'에서 연구원으로 일하던 십여 년 전, 다시 필사의 세계로 돌아왔습니다. 박미라 스승님의 지도 아래, 동료 마리 선생님이 필사와 '치유 글쓰기'를 접목하는 프로그램을 만들었고, 저는 그 과정을 함께 모니터링했습니다. 안내자가 제공한 문장을 필사한 뒤 그 문장에서 떠오른 기억이나 생각을 글로 정리하는 방식이었습니다. 단순히 문장을 옮겨 적는 데 그치지 않고, 능동적으로 되새기며 나의 언어로 정리하는 경험이었습니다.

왜 우리는 울림 있는 문장을 따라 쓰는가

아름답거나, 지혜롭거나, 혹은 숨기고 싶은 어두운 부분을 꼬집는 문장들은 우리 마음을 건드리고, 움직입니다. 내가 알아야 할 내 마음의 한 측면, 다시 말해 알고 있다고 착각했던 마음, 알기를 거부하는 마음, 알고 싶지만 알 수 없는 마음을 보여 주기 때문입니다.

우리는 앞에서 언급한 내 마음의 한 측면을 주시할 필요가 있습니다. 내면의 조각들이 문장을 통해 말을 걸어오는 것이니까요. 그 목소리를 소중히 받아들일 때 삶을 보는 시선이 달라집니다. 시선이 달라지면 태도가 바뀌고 변화는 자연스럽게 뒤따릅니다. 단 한 줄의 문장이 이 모든 과정을 열어 준다는 사실이 놀라울 따름입니다.

위대한 문장은 인간의 의식이 응축된 결정체입니다. 그 안에는 삶을 통찰하는 진실이 담겨 있습니다. 우리는 그것을 '지혜'라고 부르지요. 지혜란 존재와 삶의 본질을 붙잡아 본 경험에서 나옵니다. 그런 문장을 읽으면서 우리는 타인의 의식을 빌려 더 넓은 세계를 볼 수 있습니다. 조금 더 성찰적이라면 좋은 글귀를 통해 감정과 인식이 하나의 흐름으로 엮이며 마음 깊은 곳에서 '나'를 만나는 시간으로 확대됩니다.

손으로 글을 쓰는 행위는 집중력을 높이고 감정 인식 능력을 키워 줍니다. 또한 문장의 의미를 정서적으로 처리하고 기억에 정착시키는 심리적 통합 과정이기도 합니다. 실제로 손으로 글을 쓰는 활동은 뇌의 감각 운동 영역과 감정 처리 영역을 동시에 자극하며, 자아성찰을 돕는 방식으로 작용한다는 연구 결과도 있습니다.

'100일'은 심층심리학적으로 변형과 통합의 기간을 상징합니다. 불안정하고 위태로운 시기를 견디는 시간이 되기도 하고, 정체성이 성숙해지거나 조정되기도 하지요. 결국 그 기간이 끝나는 시점은 이전 상태에서 새로운 상태로 나아가는 변곡점이 됩니다. 당신이 이 책을 통해서도 그런 경험을 하길 바랍니다. 대단한 변화가 아니더라도 변화의 동기가 되는 불씨 하나를 지핀다고 생각하면 좋겠습니다. 꼭 100일이 아니어도 괜찮습니다. 100일은 어디까지나 상징이니까요. 중요한 것은 '내면이 단단한 사람이 되겠다'는 결단과 자기 속도에 맞는 실천입니다.

감정은 어떻게 우리 편이 되는가

이 책의 제목인 '나를 지키는 감정'이라는 말에는 두 가지 의미가 담겨 있습니다. 하나는 감정이 나를 지켜 준다는 뜻이고, 다른 하나는 내 마음을 지키기 위해 감정을 들여다본다는 의미입니다. 이 둘은 다른 내용 같지만 결국 하나의 맥락으로 이어집니다.

우리는 흔히 감정을 통제해야 할 문제처럼 여기지만, 감정은 우리를 괴롭히는 나쁜 에너지가 아닙니다. 모든 감정에는 나를 위한 목적과 메시지가 있습니다. 분노는 잃어 버린 힘을 되찾으라는 외침이고, 불안은 불확실함을 견디는 힘을 가지라는 신호입니다. 슬픔은 잃어 버린 것을 애도하고 회복할 시간을 가지라고 말하며, 기쁨은 내 삶이 어디로 향해야 하는지를 알려 줍니다. 이렇게 보면 감정은 골칫거리가 아닌, 나를 지키고 성장하게 만드는 내면의 안내자입니다.

감정은 자기상실을 겪지 않기 위해 가장 먼저 다뤄야 할 주제입니다. 하지만 이 책은 감정 다루기에만 그치지 않습니다. 심리학과 철학, 영성의 관점을 아우르며 성숙하고 품위 있게 살아가기 위한 통합적 지혜를 나누고자 했습니다. 당신이 자신의 감정을 차분히 들여다보고, 삶을 새롭게 조망하며, 작은 실천으로 나아갈 수 있도록 글을 엮었습니다.

심리학자이자 치유 글쓰기 안내자로서 다시 읽고 사유할 만한 문장들을 오늘의 삶에 맞는 언어로 풀어 내고자 했습니다. '좋은 문장'이 담고 있는 메시지를 분석심리학, 인지심리학, 감정이론 등의 관점에서 쉽게 설명하고, 각 문장 뒤에는 필사 후 곱씹어 볼 수 있는 짧은 질문을 덧붙였습니다. 이 질문들은 자신을 성찰하고 삶에 비추어 생각을 확장하는 데 도움을 주는 장치입니다. 필사를 마친 뒤에는 잠시 멈춰 질문에 대해 곰곰이 생각해 보세요. 가능하다면 몇 줄이라도 글로 적어 보세요. 그 순간 문장은 당신의 것이 되고, 글쓰기는 치유와 성장, 변화를 이끄는 도구가 됩니다.

이 책은 5부로 구성되어 있습니다. 각 장은 우리가 성숙한 인간으로 살아가기 위해 거쳐야 할 정서적 통합의 단계를 따릅니다. 1장에서는 내면에 일어나는 감정을 정확히 알아차리는 것이 얼마나 중요한지를 다룹니다. 감정을 억누르거나 피하는 대신, 감정이 나에게 보내는 신호를 읽는 법을 배우는 것이 이 장의 목표입니다. 2장은 감정 뒤에 숨어 있는 생각과 신념을 해석하고, 불완전한 나 자신을 받아들이는 과정을 안내합니다. '완벽하지 않아도 괜찮다'가 아니라, 실은 '완벽할 수 없음'을 받아들이는 것입니다. 3장에서는 외부의 시선이나 내면의 강박적인 기준에서 벗어나 나의 선택과 책임, 자기표현을 회복하는 여정을 다룹니다. 나답게 살아가기 위해서는 나의 진짜 목소리를 따를 수 있는 용기가 필요합니다. 4장에서는 타인과 건강하게 연결되는 방법을 모색합니다. 관계 속에서 나를 잃지 않으면서도, 타인의 고통에 공감하고 응답하는 능력을 기르는 것입니다. 5장에서는 상처받은 자신을 다정히 마주하고 회복하는 방법을 이야기합니다. 자기비판에서 자기돌봄으로 나아가는 성숙의 단계입니다.

익숙한 문장도, 처음 만나는 문장도 있을 것입니다. 그러나 찬찬히 음미하며 직접 써 보는 과정을 통해 우리는 감정의 본질과 삶의 방향에 대해 다시 생각할 기회를 얻게 됩니다. 당신이 이 책의 글귀를 한 자 한 자 따라 쓰며, 그 의미를 마음속에 고요히 새겨 가기를 바랍니다. 그렇게 쌓인 글자들이 당신의 상처를 어루만지고, 흩어졌던 마음을 한곳으로 모으며, 더 온전한 삶으로 이끌어 주기를 소망합니다.

지금보다 더 품위 있는
어른으로 살아가고 싶은 당신을 위하여

한경은

PROLOGUE 자신과 삶을 다시 바라보는 가장 느린 방법 ··· 004

CHAPTER 1
감정 인식과 자기이해

DAY 001 감정 손님을 대하는 다섯 가지 태도 ··· 018
DAY 002 감정은 마음의 경고 시스템 ··· 020
DAY 003 나를 모른 채 살아간다는 것 ··· 022
DAY 004 앎은 모름에서 시작되는 것 ··· 024
DAY 005 느낄 때만 드러나는 세계 ··· 026
DAY 006 감정이 말해 주는 '나의 이야기' ··· 028
DAY 007 삶을 흐르게 하는 감정 ··· 030
DAY 008 감정이 건네는 인생 안내문 ··· 032
DAY 009 '진짜 용기'란 두려움과 함께 ··· 034
DAY 010 두려움이 알려 주는 내면의 진실 ··· 036
DAY 011 무엇이 나를 그렇게 믿게 했을까 ··· 038
DAY 012 통제의 환상을 내려놓기 ··· 040
DAY 013 나는 모르고, 슬픔은 아는 것 ··· 042
DAY 014 욕망에 솔직하고 당당할 것 ··· 044
DAY 015 분노와 통제욕구에 숨어 있는 고집 ··· 048
DAY 016 지워지지 않는 말, 지워도 되는 감정 ··· 050
DAY 017 '억울함'은 내 편을 들어 달라는 마음 ··· 052
DAY 018 감정에 사로잡히지 않는 법 ··· 054
DAY 019 안과 밖의 균형 이루기 ··· 056
DAY 020 무엇이 나이며, 무엇이 나를 덮고 있을까 ··· 058

CHAPTER 2
감정 해석과 자기수용

DAY 021	존재는 고쳐지는 게 아니라 드러나는 것	··· 062
DAY 022	위태롭게 또는 위대하게 그리고 둘 다	··· 064
DAY 023	자기신뢰가 부족할 때 생기는 일	··· 066
DAY 024	몰라도 되는 미래는 그냥 두기	··· 068
DAY 025	아쉬움, 더 겸허히 껴안을 것	··· 070
DAY 026	아파도, 괜찮지 않아도 살아가기	··· 072
DAY 027	그 무엇도 덜 아름다운 것은 없어	··· 076
DAY 028	상처가 먼저 여는 문	··· 078
DAY 029	억압과 해방의 사이	··· 080
DAY 030	자기폭로에서 시작되는 해방	··· 082
DAY 031	느끼지 못하면 알 수도 없는 것	··· 084
DAY 032	불완전함과 친해지기	··· 086
DAY 033	온전함이란 결여를 포함하는 것	··· 088
DAY 034	조용한 항복, 자기해방의 길	··· 090
DAY 035	인정, 결국 사랑을 배우는 과정	··· 092
DAY 036	삶을 제한하지 않기	··· 094
DAY 037	욕망을 인정하게 만드는 자존감	··· 096
DAY 038	바라는 걸 포기하게 만드는 수치심	··· 100
DAY 039	기쁨은 '나답게 존재'하는 경험	··· 104
DAY 040	위대해지려 애쓰지 않아도	··· 106

CHAPTER 3

내 삶의 주체 되기

DAY 041 괜찮지 않아야 보이는 것 ··· 110
DAY 042 조금씩, 나답게 살아가는 법 ··· 112
DAY 043 억압된 감정의 부메랑 ··· 114
DAY 044 언어를 잃은 다음, 다시 말하기까지 ··· 116
DAY 045 자기표현은 자기존재의 증언 ··· 118
DAY 046 자기진정성의 네 가지 차원 ··· 120
DAY 047 주시하고 관찰해야만 보이는 것 ··· 122
DAY 048 '나다움'이 곧 자유 ··· 124
DAY 049 조금씩, 내 쪽으로 ··· 126
DAY 050 타인의 언어로 나를 규정하지 말 것 ··· 128
DAY 051 나를 위해, 이제 내가 ··· 130
DAY 052 '좋은' 사람, '나쁜' 패턴 ··· 132
DAY 053 우리는 어떤 사람이 될 것인가 ··· 134
DAY 054 '좋은 능력'보다 '좋은 마음'으로 산다면 ··· 138
DAY 055 핵심은 내면의 일치감 ··· 140
DAY 056 과거를 품고 미래를 맞이하는 법 ··· 142
DAY 057 비슷한 사람에게 끌리는 이유 ··· 144
DAY 058 반응을 바꾸는 인식 ··· 146
DAY 059 억압적인 신념에 저항하기 ··· 148
DAY 060 잘 놀고 잘 배우는 여행 ··· 150

CHAPTER 4
타인과 함께 살아가는 힘 키우기

DAY 061 불완전한 존재들의 공존 ··· 154
DAY 062 상처받은 존재로만 머물지 않기 ··· 156
DAY 063 마음을 건네는 것의 의미 ··· 158
DAY 064 사랑할 때 알게 되는 나 ··· 160
DAY 065 두려움에 가로막힌 사랑 ··· 162
DAY 066 '혼자'는 선택, '함께'는 필수 ··· 164
DAY 067 동행, 좋은 벗 되기 ··· 166
DAY 068 당신도 나도 어쩌면 힘들었을 테니까 ··· 168
DAY 069 좋은 하루엔 좋은 사람이 있다는 공식 ··· 170
DAY 070 좋은 친구, 좋은 대화의 조건 ··· 172
DAY 071 조용히 무너지는 시간을 함께 견디기 ··· 176
DAY 072 내가 아닌 너에게 향하는 마음 ··· 178
DAY 073 경청은 나를 비움으로써 완성되는 것 ··· 180
DAY 074 나를 알아주는 존재가 있다는 것 ··· 182
DAY 075 혼자서는 살아갈 수 없는 세상 ··· 186
DAY 076 분노는 외로움의 또 다른 얼굴 ··· 188
DAY 077 주의! 나는 잘못 알 수 있음 ··· 190
DAY 078 '나—그들' 구조에서 '나—너'의 관계로 ··· 192
DAY 079 같은 비에 단지 덜 젖었을 뿐 ··· 194
DAY 080 지성과 도덕의 원 안으로 ··· 196

CHAPTER 5
자기용서와 자기돌봄

DAY 081 내 중심을 회복하기 ··· 200
DAY 082 부탁할 수 있어야 거절할 수 있는 법 ··· 202
DAY 083 누가 뭐래도 내 편이 되기 ··· 206
DAY 084 세상에서 가장 가까운, 믿을 만한 사람 ··· 208
DAY 085 상처와 함께 머무는 법 ··· 210
DAY 086 통과의 정석, 견디기 ··· 212
DAY 087 '지금'을 놓치지 않기 ··· 214
DAY 088 과거를 품고 현재를 사는 일 ··· 216
DAY 089 나한테 할 짓, 나한테 못 할 짓 ··· 218
DAY 090 행위와 존재를 구분하는 용서와 자기용서 ··· 220
DAY 091 쉬는 것도 능력 ··· 222
DAY 092 내 '욕구의 얼굴'을 다정하게 마주하기 ··· 224
DAY 093 그래도 돼, 그럴 수 있어 ··· 226
DAY 094 그저 흐르는 강물처럼 ··· 228
DAY 095 심판관 역할 그만두기 ··· 230
DAY 096 약함은 드러낼수록 강해지는 법 ··· 232
DAY 097 그림자, 어두운 반려자를 끌어안기 ··· 234
DAY 098 나를 살리는 글쓰기 ··· 238
DAY 099 내게 주는 가장 귀한 선물 ··· 240
DAY 100 인생을 다르게 플레이하는 법 ··· 242

EPILOGUE 더 밝은 의식의 빛으로 ··· 244

Writing about Emotions

*Feelings are just visitors,
let them come and go.*

CHAPTER 1

감정 인식과 자기이해

감정이 보내는 신호를 제대로 읽는 시간입니다.

억누르거나 피하지 말고 찬찬히 들여다보세요.

DAY 001 | 감정 손님을 대하는 다섯 가지 태도

Feelings are just visitors, let them come and go.
감정은 그냥 지나가는 손님일 뿐이니, 오게 두고 가게 하라.

내 마음의 집에 '감정'이라는 손님이 찾아옵니다. 그 손님을 어떻게 대해야 할까요? 주인의 입장에서 손님을 맞는 다섯 가지 태도에 대해 알아볼까요? 첫째, 문을 걸어 잠그는 주인이 있습니다. 감정을 억압하는 태도이지요. 둘째, 문을 활짝 열어 주고 사라져 버리는 주인도 있습니다. 감정에 휘둘리는 경우입니다. 셋째, 아예 손님을 무시하는 주인이라면요? 감정을 모른 척하고 넘기려는 습관이지요. 넷째, 손님을 붙잡고 따지고 분석하고 설교하는 사람도 있습니다. 결국 자기 마음을 비난하거나 이유를 찾느라 더 지치게 됩니다. 마지막으로 다섯째, 손님을 따뜻하게 맞이하고 잘 보내 주는 주인이 있습니다. 감정을 존중하며 흘려보내는 태도입니다.

감정이 마음의 문을 두드릴 때 귀한 손님처럼 맞아 주세요. 환대받은 손님은 때가 되면 떠납니다. 그때는 또 다정하게 배웅해 주세요.

Date   /   /   /
Today's Mood   ☺   ☺   ☹

✏️ **Do It Yourself**

지금 내 마음에 머무르는 감정 손님은

* 당신은 그 손님을 어떻게 대하고 있나요?

📖 **Author's Profile**

무지(Mooji, 1954~) 자메이카 출신의 영성지도자. 전 세계에서 사트상(satsang, 영적 대화 모임)과 명상 수련회를 진행하고 있다. 자기탐구를 통한 영적 자유를 추구하는 수많은 구도자의 스승이다.

DAY 002　감정은 마음의 경고 시스템

> Emotion, which is suffering, ceases to be suffering
> as soon as we form a clear and precise picture of it.
> 고통과도 같은 감정은 우리가 정확하고 명확하게 그려 내는 순간
> 더 이상 고통이 아니게 된다.

'속이 타들어 간다.' '뼈에 사무친다.' '애간장이 녹는다.' 이런 말들은 불안, 슬픔, 안타까움 같은 감정을 온몸으로 겪고 있음을 느끼게 합니다. 실제로 뇌는 감정적 고통과 신체적 고통을 일부 같은 경로에서 처리합니다. 그러니 '기가 막히게' 딱 맞는 표현들이 괜히 오래전부터 쓰인 게 아닌가 봅니다.

'선천성 무통각증'이라는 질환이 있습니다. 이 병을 가진 사람은 뼈가 부러져도, 화상을 입어도 고통을 느끼지 못합니다. 통증은 생존에 필수적인 경고 시스템입니다. 그래서 선천성 무통각증 환자들은 겉으로 보기엔 괜찮아 보여도 늘 생존의 위협 속에서 살아갑니다. 감정도 비슷합니다. 감정은 마음의 경고 시스템입니다. 그런데 그것을 억누르거나 무시하면 무엇이 잘못됐는지 알 수 없게 되지요. 감정은 내가 살아 있음을 증명하고, 치유의 방향도 알려 줍니다. 아픈 곳이 여기라고, 그 자리에 '마음 반창고'를 붙여 주면 된다고.

Date   /   /

Today's Mood   ☺   ☻   ☹

✏️ Do It Yourself

요즘 내가 돌보아 주고 싶은 감정은

* 위 감정을 돌보기 위해 오늘 자신에게 해 줄 수 있는 작은 일은 무엇일까요?

📖 Author's Profile

바뤼흐 스피노자(Baruch Spinoza, 1632~1677) 네덜란드의 철학자이다. 이성과 자연의 통일성을 강조한 『윤리학』을 통해 범신론적 세계관을 제시했다. 근대 철학과 계몽사상의 기반을 마련했다.

DAY 003

나를 모른 채 살아간다는 것

The greatest of faults is to be conscious of none.

가장 큰 잘못은 어떤 것도 의식하지 못하는 것이다.

의식한다는 건 단순히 아는 것이 아닙니다. 내 마음이 어떤 상태인지, 왜 그런 생각과 행동을 반복하는지, 그 배경을 이해하려는 '능동적인 태도'입니다. 예를 들어 '나는 늘 손해만 보는 것 같아'라고 생각하는 사람이 있습니다. 그는 남들이 이기적이고 배려심이 없다며 자주 불평합니다. 하지만 조금만 들여다보면, 사실은 스스로 경계를 세우는 일이 어렵거나 자신의 욕구를 솔직하게 표현하지 못하는 경우도 많습니다. 때로는 인정받고 싶은 마음이나 외로움 같은 감정이 숨어 있기도 하지요. 이런 내 마음을 잘 모른다면 '나는 늘 피해자이고 남들이 문제야'라는 생각에 갇히게 됩니다. 즉, 해결되지 못한 마음을 안고 살아가며 반복적으로 같은 상처를 입게 되는 것입니다.

나를 알아 가는 일은 대체로 불편하지만, 그만큼 용기 있는 선택입니다. 그리고 생각보다 재미있습니다. 언젠가 "그땐 그랬지!" 하면서 웃게 되거든요.

Date   /   /

Today's Mood   ☺ ☺ ☹

✏ Do It Yourself

나를 설명하는 세 개의 문장을 써 본다면

📖 Author's Profile

토머스 칼라일(Thomas Carlyle, 1795~1881) 스코틀랜드 출신의 작가, 역사가, 철학자이며 영국 문학사에서 중요한 인물이다. 『영웅숭배론』을 통해 위대한 인물의 역할과 도덕적 리더십을 강조했다.

| DAY 004 | 앎은 모름에서 시작되는 것 |

>知之爲知之, 不知爲不知, 是知也。
>지지위지지, 부지위부지, 시지야.
>
>아는 것을 안다 하고, 모르는 것을 모른다 하는 것,
>이것이 참된 앎이다.

우리 삶에서 중요한 과제 중 하나는 자신의 영혼을 돌보는 일입니다. 그 시작은 자기 자신을 아는 데 있지요. 무엇부터 알아야 할까요? 바로 '내가 모르고 있다는 사실'입니다.

어쩌면 인간은 '아는 존재'가 아니라 '안다고 착각하는 존재'일지 모릅니다. 특히 자기 자신에 대해서는 더욱 그렇지요. 내가 무엇을 원하는지, 무엇을 두려워하는지, 어떤 관계에 발목이 잡히는지 잘 알지 못합니다. 심리학에서는 이런 현상을 '자기인식(self-awareness)의 부족'이라고 설명합니다.

따라서 중요한 것은 나 자신에 대한 무지를 인정하는 일입니다. "나는 나를 잘 모른다"라고 고백하는 순간, 우리는 최소한의 무지 상태에서 벗어나게 되지요. 그리고 그 자리에서부터 비로소 인간으로서의 본성과 한계, 욕망, 영혼의 상태를 이해하는 길이 열립니다.

Date   /   /

Today's Mood   ☺ ☺ ☹

✏️ **Do It Yourself**

내가 가장 원하는 것은

📖 **Author's Profile**

공자(孔子, 기원전 551~479) 중국 고대의 사상가, 교육자, 정치가이자 유학(유교) 사상을 집대성한 인물이다. '인(仁)'을 덕목으로 삼았으며 이를 바탕으로 수많은 제자를 가르쳤다.

DAY 005

느낄 때만 드러나는 세계

> The best and most beautiful things in the world
> cannot be seen or even touched.
> They must be felt with the heart.
>
> 세상에서 가장 아름다운 것들은 보거나 만질 수 없다.
> 마음으로 느껴야 한다.

학창 시절의 소풍을 떠올려 보세요. 수차례 다녀왔더라도 선명하게 기억나는 장면은 한두 개뿐일 겁니다. 왜 그럴까요? 그 기억에는 감정이 실려 있기 때문입니다. 감정이 깃든 순간은 또렷하게 기억됩니다. 설렘, 신남, 외로움, 부끄러움과 같은 강렬한 감정이 그날의 장면을 지금도 떠오르게 하는 것이죠.

그럼, 이런 질문도 해 볼 수 있겠어요. "당신이 생각하기에 '세상에서 가장 아름다운 것'은 무엇인가요?" 아름다움이란 결국 마음이 반응한 무언가가 아닐까요? 감각 너머 무언가 느껴지는 것. 우리는 그런 걸 '아름답다'고 합니다. 아기의 웃음이 아름답다고 하는 사람은 그 웃음을 볼 때 자신도 모르게 마음이 풀리고, 조건 없는 사랑의 느낌을 간직하고 있을 겁니다.

감정은 내 안에서 일어나는 가장 솔직한 '나의 이야기'입니다. 세상에서 나의 이야기만큼 재미있고 진실하며 아름다운 것이 또 있을까요?

Date　　/　　/

Today's Mood　　😊　😀　☹

✏️ **Do It Yourself**

내가 '아름답다'라고 느끼는 순간은 대개

📖 **Author's Profile**

헬렌 켈러(Helen Keller, 1880~1968) 미국의 사회사업가이다. 열병으로 시력, 청력을 잃어 말까지 하지 못하는 장애를 얻었으나 스승인 앤 설리번(Anne Sullivan)을 만나 교육을 받았다.

DAY 006

감정이 말해 주는 '나의 이야기'

Your intellect may be confused,
but your emotions will never lie to you.

지성은 혼란스러울 수 있어도,
감정은 결코 거짓말하지 않는다.

내 감정을 잘 알지 못하면 이유도 모른 채 상처받을 가능성이 커집니다. 하지만 나 자신에게 솔직하기로 마음먹고 가만히 마음속을 들여다보면 감정이 전해 주는 내면의 진실을 알 수 있어요. 이를테면 친구의 가시 같은 말에 마음이 상했지만 문득 '그래, 사실은 인정받고 싶었구나' 하고 깨닫는 순간처럼 말이에요. 아니면 연인과 다툰 이유가 자존심이 상했기 때문이라 생각했는데, 알고 보니 '나, 외로웠던 거구나'라고 느낀 순간도 있지요. 바로 이런 순간들이 감정 인식을 통해 자기이해가 깊어지는 때입니다.

자기이해는 내 감정의 맥락을 들여다보고 해석하려는 노력에서 시작되지요. 감정을 인정하거나 자각하지 못하면 자기 자신을 비난하거나 괜히 부끄러워하면서 스스로를 불친절하게 대할 수도 있습니다. 내 감정을 정확히 이해한다면 나를 탓하지 않는 법까지 덤으로 배우게 된답니다.

Date   /   /   /

Today's Mood   ☺ 😉 ☹

....
....
....
....
....
....

✏️ **Do It Yourself**

최근에 내가 자존심이 상한 일은
....
....

* 그 일에 대한 당신의 진짜 욕구는 무엇이었나요?
....
....
....

📖 **Author's Profile**

로저 이버트(Roger Ebert, 1942~2013) 미국의 영화평론가이자 작가이다. 감정과 직관의 중요성을 강조했으며, 자신의 암 투병기에서도 인간 감정의 복잡성과 진실성을 일관되게 조명했다.

DAY 007

삶을 흐르게 하는 감정

> There can be no transforming of darkness into light
> and of apathy into movement without emotion.
>
> 감정 없이는 어둠을 빛으로 바꾸는 것도,
> 무관심을 움직임으로 바꾸는 것도 있을 수 없다.

　우리는 중요한 결정을 내릴 때 흔히 이성적으로 판단한다고 생각합니다. 왜 그런 선택을 했냐고 물으면 대부분 나름의 논리로 근거를 대곤 하지요. 그런데 신경과학 분야에서는 판단의 핵심이 이성이 아니라 감정이라는 사실을 강조합니다. '감정 마커 이론(somatic marker hypothesis)'으로 잘 알려진 신경과학자 안토니우 다마지오(António Damásio)는 중요한 사실을 밝혔습니다. 감정을 처리하는 전전두엽에 손상이 생기면 지적 능력이 정상이더라도 일상적인 선택조차 어려워진다는 것입니다. 뇌과학적으로도 감정은 비교적 빠르게 반응하는 편도체에서 먼저 활성화되고, 이성적 판단은 그 후 전전두엽에서 처리되는 것으로 알려져 있지요.

　그래서 감정과 느낌, 직관을 민감하게 알아차리는 감수성이 중요합니다. 감정이 흐르지 못하면 우리의 사고도 방향을 잃기 때문입니다.

Date   /   /   /

Today's Mood   🙂   😊   🙁

✏️ Do It Yourself

내가 어떤 일을 결정할 때 자주 작용하는 감정은

내가 어떤 일을 결정하지 못할 때 작용하는 감정은

📖 Author's Profile

카를 구스타프 융(Carl Gustav Jung, 1875~1961) 스위스의 정신과 의사이자 심리학자이다. 분석 심리학의 창시자로 심리학, 철학, 예술, 종교 분야에 깊은 영향을 끼쳤다.

DAY 008

감정이 건네는 인생 안내문

> Let everything happen to you: beauty and terror.
> Just keep going. No feeling is final.
>
> 모든 일을 겪어라: 아름다움도, 두려움도.
> 다만 계속 나아가라. 어떤 감정도 영원하지 않다.

우리는 다양한 감정을 통해 '인간'으로 살아갑니다. 그리고 그 감정들은 모두 우리 자신과 삶을 성숙하게 만드는 안내자이기도 합니다.

불안은 불확실성과 불완전함을 감내하라는 메시지입니다. 분노는 부당함에 맞서 자신을 지키고, 그 힘을 삶의 에너지로 전환하라는 신호입니다. 우울은 지금까지 유지해 온 삶의 방식이 나를 지치게 했다는 경고이자, 이제 다른 방식으로 나를 돌보라는 요청이지요. 죄책감은 그동안 당연하다고 배운 외부의 기준이 아닌, 내가 진짜로 중요하게 여기는 윤리와 가치를 다시 돌아보게 합니다. 수치심은 '있는 그대로의 나'로 살아가도 괜찮다는 용기를 요청합니다.

감정은 우리를 괴롭히려는 게 아닙니다. 내 삶이 어디쯤 와 있는지, 어디로 가야 할지를 알려 주는 선물입니다. 감정이 전해 주는 소중한 선물을 놓치지 마세요.

Date   /   /

Today's Mood   ☺   😛   ☹

✏️ **Do It Yourself**

최근에 가장 강렬했던 감정은

* 그 감정이 당신에게 건넨 메시지는 무엇일까요?

📖 Author's Profile

라이너 마리아 릴케(Rainer Maria Rilke, 1875~1926) 20세기 위대한 시인 중 한 명으로 꼽히는 프라하 출신의 오스트리아 작가. 한국 시인 백석, 윤동주에게도 문학적 영향을 끼쳤다.

DAY 009

'진짜 용기'란 두려움과 함께

> Courage is not the absence of fear,
> but rather the judgment
> that something else is more important than fear.
> 용기란 두려움이 없는 상태가 아니라,
> 두려움보다 더 중요한 무엇인가가 있다는 판단이다.

중요한 일을 앞두면 마음의 준비가 필요하기도 합니다. 익숙하지 않은 환경에서 처음 하는 일일수록 두려움은 평상시보다 더 크게 나타나지요. 그 두려움이 사라져야만 일을 시작할 수 있을 것처럼 느껴지기도 하고요. 하지만 두려움을 없애려는 시도는 오히려 그 감정을 더 강하게 만듭니다. 우리의 주의가 두려움에 더 집중되면서 '사라져야 한다'는 압박이 불안을 확대하기 때문이에요. 이를 '아이러니 효과(white bear effect)'라고 합니다.

두렵지만 그냥 하는 거예요. 무섭고 떨리더라도 일단 한 발만 내딛으면 성공하는 번지 점프처럼, 우리가 해내야 할 많은 일도 결국 그냥 하는 마음이어야 가능해집니다. 물론 무턱대고 덤비라는 말은 아닙니다. 먼저 내 감정을 알아차리고, 내 강점과 한계를 인정하고, 내가 선택한 삶의 가치에 따라 행동하는 것. 그것이 두려움과 함께하는 진짜 용기입니다.

Date   /   /

Today's Mood   ☺ ☻ ☹

✏️ **Do It Yourself**

내가 가장 두려운 것은

두렵지만

📖 **Author's Profile**

프랭클린 D. 루스벨트(Franklin D. Roosevelt, 1882~1945) 미국의 제32대 대통령이다. 다양한 정책과 법 제정을 만들었으며 미국 역사상 위대한 대통령 중 한 명으로 평가받고 있다.

DAY 010

두려움이 알려 주는 내면의 진실

Of all the liars in the world,
sometimes the worst are our own fears.

세상 모든 거짓말쟁이 중에서
때로 가장 나쁜 것은 우리 자신의 두려움이다.

두려움은 언제나 직접적으로 말하지 않습니다. "아니, 난 아무렇지도 않은데"라는 말로 상처받은 마음을 숨기고, "난 그런 거 필요 없어"라고 하며 진짜 욕망을 외면하곤 하지요. 누군가는 "그냥 재미없어서 안 가는 거야"라고 말하지만, 실은 관계 맺기가 두렵고 불편해서 피하는 것일 수도 있습니다.

우리는 두려움을 알아차리지 못하거나, 알고도 인정하고 싶지 않기에 자기 자신을 설득합니다. 그렇게 '합리화'라는 이름으로 감정의 진실을 감추지요.

두려움은 외부 상황이 아닌 내면에서 만들어집니다. '실패하고 싶지 않아' '거절당하고 싶지 않아' '약해 보이고 싶지 않아' 같은 마음이 가짜 이야기를 만들어 냅니다. 두려움이 내게 진짜 말하고 싶은 것이 무엇인지 들여다보세요. 두려움은 우리가 외면해 온 감정, 솔직하게 표현하지 못한 욕망 그리고 아직 마주할 용기가 부족했던 내면의 진실을 알려 줍니다.

Date   /   /   /
Today's Mood   ☺ ☻ ☹

✏️ **Do It Yourself**

내가 자주 합리화하는 말은

* 그 말을 반복할 때 당신이 진짜 피하고 있는 것은 무엇인가요?

📖 **Author's Profile**

러디어드 키플링(Rudyard Kipling, 1865~1936) 영국의 소설가이자 시인이다. 『정글북』의 작가로 유명하다. 제국주의 시대를 배경으로 인간과 사회의 복잡한 감정을 섬세하게 표현했다.

DAY 011 | 무엇이 나를 그렇게 믿게 했을까

Fear is a question.
What are you afraid of and why?

두려움은 질문이다.
무엇이 두렵고 왜 두려운가?

두려움은 우리가 세상을 해석하고 받아들이는 방식에서 비롯됩니다. 외부의 자극을 어떻게 해석하고 믿느냐에 따라 두려움이 증폭되거나 누그러질 수 있지요. 두려움이 올라올 때 일단 심호흡을 하세요. 그리고 스스로에게 질문하고 솔직하게 답해 보세요.

'지금 나는 무엇을 두려워하고 있지? → 실패하는 게 두려워' '실패하면 어떻게 될 것 같은데? → 사람들이 나를 무시할 것 같아' '그게 왜 큰일이라고 느껴질까? → 나는 항상 잘해야만 가치 있는 사람이라고 믿어 왔어' '그 믿음은 어디서 온 걸까? → 어린 시절에 실수할 때마다 혼났던 기억이 있어. 인정받으려면 완벽해야 한다고 생각해 왔어'

이런 식으로 질문을 따라가다 보면, 감정 아래에 숨어 있던 오래된 이야기가 드러납니다. 바로 이 지점에서 두려움은 통찰로 바뀝니다.

Date   /   /

Today's Mood ☺ 😊 ☹

✏️ **Do It Yourself**

두려움을 일으키는 오래된 신념은

* 당신에게 그 신념이 없다면 어떻게 될까요?

📖 Author's Profile

마릴린 프렌치(Marilyn French, 1929~2009) 미국의 작가이자 페미니스트 학자이다. 『The Women's Room』은 페미니즘 운동에서 영향력 있는 작품 중 하나로 평가받고 있다.

DAY 012

통제의 환상을 내려놓기

Anxiety's like a rocking chair.
It gives you something to do, but it doesn't get you very far.

불안은 흔들의자 같다.
무언가 할 일을 주기는 하지만 멀리 데려다주지 않는다.

시험 전날 진득하게 앉아 공부하기보다 '망하면 어떡하지?' 하면서 걱정만 했던 기억이 있나요? 혹은 '일단 생각 좀 해 보자'며 속만 끓이고 아무것도 하지 못한 경험은요? 불안은 이런 식으로 우리를 붙잡습니다. 가만있자니 불안하고, 그렇다고 해서 막상 무엇을 하자니 막막하지요. 머릿속은 바쁘게 돌아가지만 실은 같은 자리만 맴돌 뿐입니다.

인지심리학에서는 불안이 '통제의 환상'과 관련이 있다고 봅니다. 끊임없이 생각하고 시뮬레이션하면서 일종의 '가짜 통제감'을 만들어 내는 것이지요. '내가 무엇인가를 하고 있다'는 착각이 들기에 일시적인 안도감을 얻는 것입니다.

하지만 이런 방식은 실제적인 문제 해결로 이어지지 않기 때문에 불안은 줄지 않고 오히려 더 강화됩니다. 반복해서 걱정할수록 뇌는 그 경로를 학습하고 '불안을 느끼는 나'에 익숙해집니다. 그렇게 '걱정하기'는 습관이 됩니다.

Date   /   /

Today's Mood   ☺ ☻ ☹

✏️ Do It Yourself

내가 불안할 때 하는 생각과 일은

* 그 생각과 행동은 당신에게 도움이 되나요?

📖 Author's Profile

조디 피콜트(Jodi Picoult, 1966~) 미국의 소설가. 출간한 소설 중 여러 작품이 《뉴욕 타임스》 베스트셀러 리스트에 올랐다. 대표작으로는 『마이 시스터즈 키퍼』 등이 있다.

| DAY 013 | 나는 모르고, 슬픔은 아는 것 |

Every cloud has a silver lining.
모든 구름은 은빛 테두리가 있다.

 이유 없이 찾아오는 감정은 없습니다. 그 감정에는 내가 무엇을 중요하게 여기는지, 어떤 내가 되기를 바라고 어떤 삶을 원하는지가 담겨 있습니다. 불현듯 마음이 가라앉고 무엇인가를 잃어버린 것 같다면, 그것은 단순히 기분의 문제가 아닐 수도 있어요. 어쩌면 내가 지향하는 삶과 지금 처한 현실 사이에 큰 거리가 생겼다는 뜻일지도 모르겠습니다.

 슬픔은 대개 어떤 상실, 좌절 또는 의미의 결핍과 함께 찾아옵니다. 특히 애착이나 자아 존중, 정체성과 같은 중요한 욕구일수록 감정의 파동이 크게 일어나지요. 다시 말해 슬픔은 나에게 중요한 가치가 어떤 방식으로든 무시되거나 손상됐다는 것을 알려 주는 신호입니다.

 그러니 슬픔을 그대로 두지 마세요. 슬픔에게 물어보세요. "내가 잃어버린 것은 무엇이고, 그것을 어떻게 다시 찾으면 좋겠어?"

Date   /   /

Today's Mood   ☺ ☻ ☹

✏️ Do It Yourself

내가 다시 찾고 싶은 것은

📖 Author's Profile

존 밀턴(John Milton, 1608~1674) 영국의 시인이자 정치사상가로 청교도 혁명기에 활동했다. 대표작으로 인류의 원죄와 타락을 그린 장편 서사시 『실낙원』이 있다.

DAY 014

욕망에 솔직하고 당당할 것

As a jealous man, I suffer four times over:

because I am jealous,

because I blame myself for being so,

because I fear that my jealousy will wound the other,

because I allow myself to be subject to a banality:

I suffer from being excluded, from being aggressive,

from being crazy, and from being common.

질투하는 사람으로서 나는 네 번 고통받는다:

질투한다는 이유로,

그렇게 질투하는 나 자신을 탓하기 때문에,

내 질투가 상대방에게 상처를 줄까 두려워서,

그리고 나 스스로 진부한 감정에 굴복하도록 내버려 두기 때문에.

나는 배제당하는 것, 공격적인 것,

미쳐가는 것, 평범하게 되는 것으로 고통받는다.

Date   /   /   /

Today's Mood ☺ ☺ ☹

Author's Profile

롤랑 바르트(Roland Barthes, 1915~1980) 프랑스의 문학가이자 문화 비평가이다. 그는 현대 프랑스와 세계에 가장 활력적인 사유 체계의 개척자로 손꼽힌다.

SNS에서 누군가의 여행 사진을 보며 괜스레 불편해지는 순간이 있지요? 동기의 승진 소식에 배가 아플 때도 있고요. 나만 뒤처진 것 같으면 왠지 어깨도 축 처집니다. 그럴 땐 마음속에 '질투'라는 감정이 꿈틀대고 있을지도 모릅니다.

질투는 진화 과정에서 자연스럽게 생긴, 지극히 인간적인 감정입니다. 그러니 질투하는 나를 부끄러워하지 마세요. 우리가 질투를 싫어 하는 진짜 이유는 따로 있습니다. 질투와 붙어 다니는 공포, 슬픔, 분노, 열등감을 보고 싶지 않기 때문입니다. 질투는 이런 은밀한 속마음을 들여다볼 수 있는 좋은 기회입니다.

당신이 가진 것들을 수시로 생각해 보세요. 당신의 강점이 무엇인지, 당신의 삶에 만족할 만한 것이 무엇인지 찾아야 합니다. 질투에서 해방된 상태가 이상적인 것은 아닙니다. 당신의 에너지를 진정으로 원하는 일에 쓰세요.

✏️ Do It Yourself

최근에 질투를 느낀 상황은
....
....

* '질투'라는 감정 뒤에 숨은 당신의 진짜 바람은 무엇일까요?
....
....

The world breaks everyone, and afterward,
some are strong at the broken places.

세상은 모든 사람을 부러뜨리지만,
어떤 사람들은 부러진 곳에서 더욱 강해진다.

어니스트 헤밍웨이(Ernest Hemingway)

DAY 015 분노와 통제욕구에 숨어 있는 고집

Everything that irritates us about others can lead us
to an understanding of ourselves.

타인에게서 짜증 나는 모든 것은
우리 자신에 대한 이해로 이어질 수 있다.

분노는 자신의 존엄과 가치를 지키기 위한 감정입니다. 그런데 내 존엄과 가치만을 고집할 때도 분노가 일어납니다. 즉, '내 마음대로 안 될 때, 내 뜻대로 안 될 때' 화가 나는 것이지요. 타인이 내 생각대로 움직이지 않아 화가 치밀거나 상처받는 듯한 느낌이 든다면, 그때야말로 나를 이해하기에 딱 좋은 순간입니다. '아, 내가 저 사람을 내 마음대로 하고 싶어 하는구나' 하고 알아차리는 연습을 해 보세요. 그 순간 깨어남의 기회를 얻게 됩니다.

내 안의 통제욕구와 지배욕구를 직면하고 그대로 인정해 보세요. 그러면 더 이상 타인을 조종하려 애쓰지 않게 되어 '마음 에너지'를 절약할 수 있습니다. 그렇게 아낀 에너지는 나를 이해하는 데 쓰세요. 타인을 통제하고픈 내 마음 아래에 어떤 불안이나 두려움이 있는지도 탐구해 보세요.

Date　　　/　　　/

Today's Mood　　😊　😃　☹

✏ Do It Yourself

최근에 화가 난 순간은

* 분노에 감춰진 당신의 욕구는 무엇일까요?

📖 Author's Profile

카를 구스타프 융(Carl Gustav Jung, 1875~1961) 스위스의 정신과 의사이자 심리학자이다. 분석 심리학의 창시자로 심리학, 철학, 예술, 종교 분야에 깊은 영향을 끼쳤다.

DAY 016 — 지워지지 않는 말, 지워도 되는 감정

> Shame is the lie someone told you about yourself.
> 수치심은 누군가가 당신에 관해 지어낸 거짓말이다.

"너는 안 돼." "그건 창피한 일이야." "여자애가 그러면 안 되지." 이런 말들을 반복해서 들으면 어느 순간부터 이유도 없이 스스로를 부끄러워하게 됩니다. 누가 비난하지 않아도 내가 먼저 나를 감추고 조심하게 되는 것이지요. 이처럼 수치심은 타인의 말과 시선이 내 안에 머물며 생기는 감정입니다. 사회와 가정에서는 종종 '정상'과 '비정상'이라는 기준을 만들어 놓고, 그 경계를 넘어서는 사람들에게 수치심을 줍니다. 그래서 우리는 어른이 되어서도, 아무도 말하지 않는데도 스스로를 검열하며 살아가지요.

수치심이 올라오는 순간, 자신에게 물어보세요. '이 목소리는 누구의 것일까?' 이런 질문이 시작될 때 감정은 더 이상 나를 억누르지 않고 나를 이해하는 단서가 됩니다. 감정을 알아차릴 수 있을 때, 비로소 나는 감정과 분리되어 스스로를 바라볼 수 있게 됩니다.

Date   /   /   /
Today's Mood   ☺   ☻   ☹

✏️ **Do It Yourself**

스스로를 비난한 나에게 사과한다면

📖 **Author's Profile**

아나이스 닌(Anaïs Nin, 1903~1977) 프랑스계 미국 작가로, 개인적 경험을 바탕으로 여성의 감정과 내면세계를 세밀하게 표현했다. 심리학과 문학의 경계를 허문 선구적 작가이다.

DAY 017 — '억울함'은 내 편을 들어 달라는 마음

Resentment is a telltale sign
that a boundary needs to be put into place.
억울함은 경계를 세울 필요가 있다는 분명한 신호이다.

감정은 충족되지 못한 욕구의 결과이기도 합니다. 특히 억울함은 표현되지 못한 욕구—예를 들면 존중, 쉼, 공정함, 자유—가 무시됐을 때 강하게 일어나는 감정이지요. 그리고 그런 종류의 무시는 대부분 스스로 "아니요"라고 말하지 못했던 순간에서 비롯됩니다.

감당하기 어려운 부탁을 받아들이고 나서 그런 부탁을 한 사람이 괜히 미워질 때가 있습니다. 그리고 그 미움을 들키지 않기 위해 오히려 친절을 연기하기도 하지요. 이런 과정이 반복되어도 억울함이 쌓입니다.

우리는 흔히 경계를 '침범당하는 것'으로 인식하지만, 정작 내가 나의 경계를 허물지는 않았는지 돌아볼 필요가 있습니다. 내가 나를 방치하거나 남을 위해 스스로를 설득하지는 않았는지 말이지요. 타인의 기대에 맞추고 타인에게 인정받으려 애쓰기보다, 내 감정과 욕구를 먼저 생각해도 괜찮습니다.

Date   /   /   /
Today's Mood   ☺ ☺ ☹

✏️ **Do It Yourself**

최근에 억울하다고 느낀 적은

---

* 그때 당신은 자신의 욕구를 어떤 식으로 표현했나요?

📖 **Author's Profile**

> 낸시 레빈(Nancy Levin, 1965~) 자기돌봄과 경계 설정 등을 주제로 다루는 작가이자 라이프 코치이다. 감정을 '자기배신의 신호'로 해석하는 것이 특징이다.

DAY 018   감정에 사로잡히지 않는 법

Name it to tame it.

이름을 붙여 길들여라.

뭐가 뭔지 모르게 감정이 얽혀 있을 때 우리의 뇌는 그 감정을 '막연한 압박감'으로 처리해 버립니다. 이럴 때 가장 효과적인 방법은 '감정에 이름 붙이기'입니다. 감정을 구체적인 언어로 표현하는 순간, 감정의 주도권은 감정 자체에서 '인식하는 나'로 넘어옵니다. 그러면 감정과 나 사이에 심리적 거리가 생기고, 그 거리만큼 우리는 감정을 조절할 수 있게 됩니다.

감정에 이름을 붙이는 게 어렵게 느껴지나요? 이것은 막연한 정서 상태를 명확한 인지적 정보로 바꾸는 일입니다. "이건 분노야"라고만 말해도 됩니다. 화가 나서 소리치고 싶을 때는 "지금 너무 답답하고 지쳤어"라고 말해 보세요. 감정을 언어로 표현하면 그 감정은 괴물로 변하지 않습니다. 그다음 단순하게 "기분 나빠"라고만 표현하던 것에서 "나는 지금 무시당한 느낌이라 당황스럽고 수치스러워"라고 해 보세요. 감정을 표현하는 것 자체가 어려운데 여기까지 말했다면 대성공입니다.

Date　　　/　　　/

Today's Mood　　☺　☹　☹

✏️ **Do It Yourself**

내가 자주 말하지 못하는 감정은

* 그 감정을 표현하기 어렵게 만드는 것은 무엇인가요?

📖 **Author's Profile**

대니얼 J. 시겔 (Daniel J. Siegel, 1957~) 미국의 정신과 의사이다. 뇌과학적 연구를 기반으로, '마인드사이트(mindsight)' 개념과 '감정 명명(name it to tame it)' 기법을 대중화했다.

DAY 019

안과 밖의 균형 이루기

知人者智, 自知者明。勝人者有力, 自勝者強。
지인자지, 자지자명。승인자유력, 자승자강。

남을 아는 자는 지혜롭고, 자신을 아는 자는 밝다.
남을 이기는 자는 힘이 있고, 자신을 이기는 자는 강하다.

'지혜'란 무엇이 옳거나 중요한지 분별하는 능력입니다. 복잡한 삶의 문제를 다루는 균형 잡힌 판단을 통해 방향을 정하고 실천적인 선택을 이끌어 냅니다. '밝음'이란 깨어서 명료하게 인식하는 자기성찰 능력입니다. 자기기만 없이 스스로의 마음 작용을 거울에 비추어 보듯 투명하게 바라보는 일이지요.

'힘'은 남을 이기는 능력입니다. 논리나 권력으로 제압하는 것처럼 상대적인 우위를 뜻합니다. 반면 '강함'은 자기 자신을 이겨 내는 힘입니다. 충동을 견디고, 두려움을 감당하며, 때로는 침묵 속에서 자신을 붙드는 내면의 힘을 의미합니다.

바깥만 중시하다 보면 어느 순간 안쪽에 탈이 날 수 있습니다. 지혜와 밝음, 힘과 강함이 균형을 이룰 때 우리는 자신을 지키면서도 세상과 조화롭게 연결될 수 있습니다.

Date   /   /

Today's Mood   ☺ ☺ ☹

✏️ **Do It Yourself**

내가 가지고 있는 '힘'은

내 안의 '강함'이 드러나는 때는

📖 **Author's Profile**

노자(老子, 기원전 6세기경) 중국 고대의 철학자로 『도덕경』을 저술했다. 이 책은 상·하 편으로 나뉘며 5,000여 자의 짧은 분량 속에 우주론, 인생철학, 정치, 군사 등을 아우르는 내용이 담겼다.

DAY 020 | 무엇이 나이며, 무엇이 나를 덮고 있을까

You are the sky.
Everything else — it's just the weather.

당신은 하늘이다.
그 밖의 모든 것은 지나가는 날씨일 뿐이다.

"감정과 자신을 동일시하지 마세요."라는 말을 들어 본 적 있나요? 도대체 무슨 뜻일까요? 예를 들어 분노에 사로잡혀 거친 말을 내뱉을 때, 우울에 빠져 스스로를 무력한 존재로 느낄 때 우리는 어느새 그 감정 자체가 '나'라고 착각합니다. 또는 반복되는 상처 속에서 '나는 늘 버려지는 존재'라고 믿는 것도 같은 맥락이지요.

하지만 감정은 '나'가 아니라 그저 지나가는 '상태'입니다. 고통은 일어나는 '현상'이지, 존재의 '본질'은 아닙니다. 감정이나 고통을 나의 전부로 여기는 태도는 나를 잘못 봐도 한참 잘못 보는 일입니다. 맑은 날도 궂은 날도 끝없이 이어질 수는 없습니다. 그것이 자연의 이치입니다. 우리를 괴롭히는 건 사건 그 자체가 아니라 그것에 덧씌운 해석입니다. 잠시 궂은 날을 인생의 전부처럼 여기지 마세요. 하늘은 언제나 그 자리에 있으니까요.

Date　　　/　　　/　　　/

Today's Mood　　😊　😐　☹

✏️ Do It Yourself

지금 내 안에서 지나가고 있는 '마음 날씨'는

* 그 배경으로 펼쳐진 당신의 하늘은 어떤 모습인가요?

📖 Author's Profile

페마 초드런(Pema Chödrön, 1936~) 미국 출신의 티베트 불교 승려이자 명상가이다. 내면의 고통과 감정을 자비롭게 바라보는 수행자의 태도를 강조한다.

CHAPTER 2
감정 해석과 자기수용

결점도 나의 일부입니다.
완벽할 수 없는 나를 이해하고 받아들여 보세요.

DAY 021 ｜ 존재는 고쳐지는 게 아니라 드러나는 것

You're not broken,
and you don't need to be fixed.

당신은 망가진 게 아니며,
고쳐질 필요도 없습니다.

"그래서… 어떻게 고쳐야 하나요?" 상담실에서 자주 듣는 말입니다. 그럴 때 저는 가볍게 웃으며 이렇게 되묻곤 하지요. "당신이 고장 난 기계인가요? 고치게?" 물론 그 말이 '변화를 원한다'는 뜻이라는 것을 잘 압니다. 하지만 동시에 그 말에는 '나는 뭔가 잘못된 존재'라는 내면화된 수치심이 숨어 있습니다. 그래서 저는 그 마음을 직면하게 만드는 질문을 던진 것이지요.

꽃은 더 예쁜 꽃이 되기 위해 무엇을 고쳐야 할까요? 비와 바람, 흙과 먼지 속에서도 꽃은 이미 온전하게 피어 있습니다. 잎이 한두 장 떨어져도, 꽃잎이 좀 말라도, 시들거나 완전히 져 땅에 떨어졌다 해도 모두 자신의 고유한 모습으로 존재하는 상태입니다.

우리도 마찬가지입니다. 다른 내가 되겠다고 애쓰지 말고 있는 그대로의 나를 예뻐해 주세요. 수정보다 수용이, 개선보다 자기공감이 먼저입니다.

Date   /   /

Today's Mood   ☺   ☺   ☹

✏️ **Do It Yourself**

최근에 나에게 "지금의 나로도 괜찮아"라고 말해 준 순간은

📖 **Author's Profile**

작자 미상 심리 회복을 위한 온라인 커뮤니티 및 저널에서 널리 회자되는 문장이다.

DAY 022 | 위태롭게 또는 위대하게 그리고 둘 다

To be yourself in a world that is constantly trying
to make you something else is the greatest accomplishment.

끊임없이 당신을 다른 사람으로 만들려는 세상 속에서
자기 자신으로 살아간다는 것, 그것이야말로 가장 위대한 성취이다.

세상은 은근하게, 때로는 노골적으로 우리에게 요구합니다. 더 나아져야 한다고, 덜 감정적이고 더 생산적이어야 한다고. 그런데 이렇지 못할 때 자책하게 되거나 불안이 커진다면 그것은 더 이상 세상의 요구가 아닌 내면 비판자의 명령일 것입니다.

우리는 나 아닌 다른 무엇이 될 필요가 없습니다. 아니, 될 수 없습니다. 애초부터 불가능한 목표를 세우고 내달릴 때 우리는 어떻게 살아야 하는지 방향을 잃고 허무함에 빠지기 쉽습니다. '나로 산다는 것'은 잘나기도 하고 부족하기도 한 나, 성실하지만 때로는 게으른 나, 대체로 남을 배려하지만 가끔은 내 마음대로 하고 싶어 하는 나를 있는 그대로 수용하는 일입니다. 다시 말해 내 안의 수많은 '되어야 할 나'와 '되어서는 안 될 나'를 모두 사랑하는 일입니다.

Date   /   /   /
Today's Mood   ☺   😌   ☹

✏️ **Do It Yourself**

나 자신을 받아들이는 정도를 0~10으로 표현한다면

* 당신의 점수는 왜 그렇게 나왔나요?

📖 **Author's Profile**

랠프 월도 에머슨(Ralph Waldo Emerson, 1803~1882) 미국의 사상가이자 문학가이다. 초월주의를 대표하는 인물로, 개인의 자율성과 자연의 조화를 강조한 글을 다수 남겼다.

DAY 023

자기신뢰가 부족할 때 생기는 일

> You alone are enough.
> You have nothing to prove to anybody.
>
> 당신은 그 자체로 충분하다.
> 누구에게도 증명할 필요가 없다.

우리는 비교와 경쟁을 통해 성공과 출세가 결정되는 사회에 살고 있습니다. 긴장, 스트레스, 불안이 늘 따라다니지요. 비교하거나 인정받고 싶어 하는 마음은 자연스럽고 인간적인 것입니다. 심리학의 '사회적 비교 이론(social comparison theory)'에서 인간은 타인과 자신을 비교하면서 자신의 가치를 가늠하려는 기본적인 성향이 있다고 봅니다.

문제는 그 정도가 지나칠 때입니다. '아직 부족해' '더 잘해야 해' '이 정도는 기본 아냐?' 이렇게 나를 닦달하면서 몰아붙였다면, 불안해하는 내면의 목소리를 다정하게 달래야 할 때입니다. 타인에게 증명받고자 하는 심리는 자기확신이 부족하기 때문에 외부의 기준으로 불안을 다스리려는 시도입니다. 결국 내가 나를 받아 주지 않으면, 오직 남의 눈에 들기 위해서 애쓰는 삶을 살 수밖에 없습니다.

Date   /   /   /

Today's Mood   ☺   😐   ☹

✏️ **Do It Yourself**

불안할 때 나에게 해 주고 싶은 말은

📖 **Author's Profile**

마야 앤절로(Maya Angelou, 1928~2014) 미국의 시인이자 인권운동가이다. 자전적 성격의 『새장에 갇힌 새가 왜 노래하는지 나는 아네』에서 흑인 여성의 삶과 정체성을 시적 언어로 풀어 냈다.

DAY 024   몰라도 되는 미래는 그냥 두기

> Our anxiety does not come from thinking about the future,
> but from wanting to control it.
>
> 불안은 미래를 생각해서 생기는 것이 아니라,
> 그것을 통제하려는 욕망에서 비롯된다.

삶은 언제나 미정이고, 그래서 생동감이 있습니다. 그 안에서 우리는 선택하고 변화할 수 있습니다. 완벽히 통제할 수 없는 것을 자꾸 조절하려고 하면 방어적인 태도로만 살아가게 되지요. 그렇다고 해서 통제하고 싶은 마음 자체가 잘못됐다는 것이 아닙니다. 그 마음은 결국 상처와 위험으로부터 나를 지키려는 본능이니까요.

이 '불안'이라는 감정을 '나를 위한 것'으로 받아들여 보세요. 불안을 수용하면 그것에 압도되지 않습니다. 그 뒤에 통제를 내려놓는 연습을 하면 됩니다.

무엇보다 불안을 너무 싫어하지 마세요. 일일이 통제하려고 할 때 '아, 내가 지금 불안하구나' 하고 알아차려 보세요. 미래를 알 수 없기에 살아갈 수 있는 것이지, 다 안다면 오히려 더 살기 힘들 겁니다. '지금 내가 할 수 있는 것만 하자' '이건 내가 통제할 수 없는 일이다' 이렇게 생각하며 내려놓으면 됩니다.

Date   /   /   /
Today's Mood   ☺ ☺ ☹

✏️ **Do It Yourself**

지금 내가 가장 걱정하는 것은

* 그 걱정이 당신의 '지금'에 어떤 영향을 주고 있을까요?

📖 **Author's Profile**

칼릴 지브란(Kahlil Gibran, 1883~1931) 레바논 출신의 시인이자 화가이다. 대표작 『예언자』에서는 감정과 영혼의 섬세한 흐름을 시적이고 명상적인 언어로 표현했다.

DAY 025

아쉬움, 더 겸허히 껴안을 것

We are responsible not only for what we do,
but also for what we fail to do.

우리는 우리가 행한 일뿐만 아니라,
행하지 못한 일에 대해서도 책임을 져야 한다.

우리는 대개 '해야만 하는 일'에 에너지를 쏟습니다. 정작 좋아하는 일은 자꾸 뒷전으로 미룹니다. 퇴근 후 틈틈이 하려던 글쓰기, 혼자 떠나는 여행처럼요. 그렇게 미루어 둔 일들은 마음속에 묵직하게 남습니다. '꼭 잘하지 않아도 괜찮았는데, 즐기면서 끝까지 해 볼걸' '사랑한다고, 미안하다고 말할걸' 하지 않은 선택들이 어떤 의미였는지는 지나고 나서야 알게 되는 것 같습니다.

타인의 기대에 눌려 거절하지 못한 일, 관계가 틀어질까 봐 참은 감정, 내 욕구를 숨긴 채 남에게 맡긴 결정. 그 모든 '하지 않음'은 생각보다 우리 삶에 깊숙이 들어와 있습니다. 그리고 그것들이 바로 지금의 나를 설명하기도 하지요. 성숙한 어른이 된다는 것은 선택의 결과를 부정하지 않고 껴안는 일입니다. 아쉽고 후회되는 마음이 올라와도 어쩔 수 없습니다. 중요한 건 지금 이 순간, 또 앞으로 나 자신에게 정직한 태도로 살아가면 됩니다.

Date　　　/　　　/

Today's Mood　　　☺　　☺　　☹

✏️ Do It Yourself

그때는 못 했지만 지금이라도 하고 싶은 것은

📖 Author's Profile

얀 필리프 젠트커(Jan-Philipp Sendker, 1960~) 독일 함부르크 출생의 언론인이자 소설가이다. 대표작으로는 『The Art of Hearing Heartbeats』가 있다.

071

DAY 026 — 아파도, 괜찮지 않아도 살아가기

Life is difficult.
This is a great truth, one of the greatest truths.
Once we truly know that life is difficult—
once we truly understand and accept it—
then life is no longer difficult.

인생은 어렵다.
이것은 위대한 진리이며, 가장 위대한 진리 중 하나이다.
인생이 어렵다는 것을 진정으로 알게 되면,
그것을 진실로 이해하고 받아들이게 되면,
인생은 더 이상 어렵지 않다.

Date   /   /

Today's Mood   ☺ 😐 ☹

Author's Profile

M. 스캇 펙(M. Scott Peck, 1936~2005) 미국의 정신과 의사이자 작가이다. 『아직도 가야 할 길』에서 고통과 책임 그리고 자기성장의 필연성을 강조했다.

힘겨운 하루를 보낸 밤, 문득 생각합니다. '나는 언제쯤 아무 걱정 없이 쉴 수 있을까?' 하루하루를 미션 클리어하듯 빠듯하게 보내고, 마음을 다잡아도 예상치 못한 일 앞에서는 한없이 흔들립니다. 때로는 '이건 너무한 거 아니야?' 싶은 순간도 있지요. 그럴 때 우리는 원인을 찾으려 합니다. '내가 부족해서 그런가?' '다른 사람 때문은 아닐까?' 그런데 머릿속에 이런 생각이 스칩니다. '삶이라는 게 원래 이런 건 아닐까?'

누구나 가슴속에 다 퍼 올리지 못한 슬픔과 아쉬움의 우물을 안고 삽니다. 마냥 순조롭기만 한 인생이 있을까요. '삶은 원래 어려운 것'이라는 사실을 인정하면 이상하게도 삶은 조금 덜 어려워집니다. 고통이 사라지는 것은 아니지만 고통을 데려가는 방식이 바뀌니까요. 회피나 체념이 아니에요. 있는 그대로 삶을 마주하는 태도이자 무너지지 않고 살아 내겠다는 다짐입니다.

✏️ Do It Yourself

'오늘의 나'에게 전하는 뜨거운 한마디는

There is a crack, a crack in everything.
That's how the light gets in.

모든 것에는 틈이 있다.
그것이 빛이 들어오는 방법이다.

레너드 코엔(Leonard Cohen)

DAY 027

그 무엇도 덜 아름다운 것은 없어

> To be beautiful means to be yourself.
> You don't need to be accepted by others.
> You need to accept yourself.
>
> '아름답다'라는 것은 '당신답다'라는 뜻이다.
> 타인의 수용은 필요하지 않다.
> 자기 자신을 수용하면 된다.

길을 걷다 어느 집 담벼락 아래에 피어난 양귀비꽃 무리를 보았습니다. 붉은색이 하도 강렬해 가까이 다가가 살펴보았지요. 멀리서 볼 때는 생김새가 비슷비슷했는데, 자세히 보니 하나같이 다른 모습이었습니다. 붉음의 정도, 주름의 결, 꽃술의 모양이 말이지요. 꽃이 핀 정도도 달랐습니다. 찬란하게 핀 꽃들 사이로 채 피지 않은 몽우리, 고개를 숙이고 시들어 가는 꽃잎이 어우러져 있었습니다. 그 모든 모습이 아름다워 보였습니다. 그러자 별안간 마음이 아주 고요해졌습니다. 더할 나위 없이 평화롭고 편안한 고요함이었지요.

왜 그랬을까요. 곰곰이 생각해 보니 '판단'이 없었습니다. 더 예쁜 것, 덜 예쁜 것, 더 오래 보았으면 싶은 것, 아쉬운 것. 그런 비교나 바람 없이 그냥 있는 그대로 수용했던 것이지요. 그때 알았습니다. '나도 저 꽃과 같구나! 그래, 누구나 그렇겠구나…. 모든 존재는 그렇게 존재하고 있구나!'

Date   /   /   /

Today's Mood   ☺   ☻   ☹

✏️ **Do It Yourself**

내가 마음에 드는 나는

내가 정말 마음에 드는 나는

📖 **Author's Profile**

틱 낫 한(Thích Nhất Hạnh, 1926~2022) 베트남 출신의 티베트 불교 승려이자 평화운동가이다. 세계적인 선승으로 '마음 챙김' 명상의 선구자이며, 생전에 100권이 넘는 책을 저술하기도 했다.

DAY 028

상처가 먼저 여는 문

The wound is the place where the light enters you.

상처는 빛이 들어오는 자리이다.

산에서 내려오는 길에 유난히 옹이가 많은 나무 한 그루가 눈에 들어왔습니다. 크고 울퉁불퉁한 혹들이 마치 분화구 같았습니다. 옹이는 나무의 상처라고 하지요. 그 상처들은 밖으로 드러난 덕분에 햇빛이 가장 먼저 닿는 자리가 됐습니다. 나무 전체로 보면 빛을 받는 면적이 더 넓어진 셈입니다.

우리의 마음도 그렇지 않을까요. 내면의 상처가 드러날 때 그 자리는 빛이 들어오는 입구가 됩니다. 오랫동안 눌러 왔던 감정이 터져 나올 때 우리는 조금 더 가까이 '자기(Self)'를 만나게 됩니다.

어쩌면 신은 고통을 통해 우리에게 말을 걸고 있을지도 모른다고 상상해 봅니다. 그 자리에서 우리는 다시 사랑을 받아들이고, 나 자신을 더 깊이 이해하며, 타인과도 조금 더 진실하게 이어질 수 있으니까요. '상처'와 '고통'이라는 어두움 없이는 빛을 알 수 없고, 또 신의 존재도 느낄 수 없을 것입니다.

Date　　　　/　　/　　/
Today's Mood　　😊　😳　☹️

✏️ **Do It Yourself**

내 인생에서 가장 아팠지만, 결국 나를 키워 준 상처는

📖 **Author's Profile**

루미(Rumi, 1207~1273) 페르시아의 신비주의 시인이자 수피즘 철학자이다. 내면의 고통과 신성한 사랑을 시로 표현했다. 13세기의 위대한 영적 스승으로서 서구권에서는 시성(詩聖)으로 꼽힌다.

| DAY 029 | 억압과 해방의 사이 |

Tears are words the heart can't express.
눈물은 마음이 말로 표현하지 못하는 단어들이다.

아무 말 없이 고개를 떨군 채 눈물을 흘리는 사람이 있습니다. 그는 "이게 무슨 감정인지 모르겠다"고 하지만, 이미 많은 것이 눈물 안에 담겨 있습니다. 슬픔, 외로움, 불안…. 감정은 복잡합니다. 하나의 감정에도 여러 마음이 얽혀 있지요. 예를 들어 죄책감은 '내가 뭔가 잘못한 것 같다'는 느낌 같지만, 그 안에는 '착한 사람'으로 살기 위해 눌러 왔던 분노와 억울함이 숨어 있기도 합니다.

말로 다 표현할 수 없는 내면의 진동은 눈물이 되어 흘러나옵니다. 그 눈물이 감정의 흐름을 막지 않도록 도와주지요.

억눌린 감정이 터져 나오는 해방의 순간, 멈칫하지 마세요. 애써 삼키려 하지 않아도 괜찮습니다. 눈물은 가장 부드러운 해독제입니다. 고통과 함께 가만히 앉아 있어 보세요. 눈물이 그치고 나면 비로소 당신이 정말 하고 싶었던 이야기가 시작될 테니까요.

Date　　　／　　／

Today's Mood

✏️ Do It Yourself

최근에 눈물을 흘린 때는

📖 Author's Profile

제라드 웨이(Gerard Way, 1977~) 미국의 뮤지션이자 만화가이다. 록 밴드 '마이 케미컬 로맨스(My Chemical Romance)'의 보컬이며, 그래픽 노블 『엄브렐러 아카데미』 시리즈의 작가로도 유명하다.

DAY 030

자기폭로에서 시작되는 해방

> What you deny or ignore, you delay,
> What you accept and face, you conquer.
>
> 부정하거나 외면하면 지연될 뿐이고,
> 받아들이고 정면으로 대면하면 극복된다.

"내 생각이 짧았어." "내 판단이 틀렸네." 이런 자기고백은 종종 해방감을 줍니다. 물론 이렇게 나의 부족함과 한계를 인정하기는 쉽지 않습니다. 용기가 필요하지요. 하지만 몇 번 하다 보면 알게 됩니다. 그렇게 한다고 해서 세상이 무너지지 않는다는 것을, 오히려 나를 더 단단하게 만든다는 것을 말이에요.

내 취약함을 스스로 인정해 버리면 남들도 나를 그렇게 볼까 봐, 그래서 결국 무시당할까 봐 두려워 합니다. 하지만 이런 두려움은 대개 왜곡된 자기인식에서 나옵니다. 내가 나를 작게 보기 때문에 타인도 나를 그렇게 보지 않을까 생각하는 것이죠. 이런 방어 기제를 '투사'라고 합니다. 그래서 "날 우습게 보는 거야?"라는 말은 "사실은 내가 나를 우습게 여기고 있어"라는 고백과 다르지 않습니다. 그러니 괜찮아 보이려고 너무 애쓰지 마세요. '괜찮아 보이고 싶은 마음'이 '진짜 괜찮아지는 기회'를 차단합니다.

Date   /   /

Today's Mood   ☺ 😊 ☹

✏️ Do It Yourself

내가 솔직하게 '두려웠다'고 인정한 순간은

* 그 고백은 당신에게 어떤 변화를 가져왔나요?

📖 Author's Profile

로버트 튜(Robert Tew, 출생 연도 미공개) 온라인에서 널리 인용되는 심리 자기계발 문구의 작가로 알려져 있다. 특히 '투사'와 '자기회피'에 관한 글이 인용문으로 자주 활용된다.

DAY 031

느끼지 못하면 알 수도 없는 것

Feelings are not supposed to be logical.
Dangerous is the man who has rationalized his emotions.

감정은 논리적일 수 없다.
감정을 이성적으로 정당화하는 사람은 위험하다.

감정은 본질적으로 비논리적이고 비합리적입니다. 그럼에도 우리는 종종 감정을 이성적으로 설명할 수 있어야 한다고 여깁니다. 그렇게 하면 나 자신을 설득하고 타인에게도 정당화하기 쉬우니까요. 물론 감정을 분석하고 해석하는 일은 분명 자기이해를 깊게 하고 감정에 휘둘리지 않도록 도와줍니다. 하지만 감정을 지나치게 이성적으로만 다루다 보면, 기꺼이 경험해야만 알 수 있는 존재와 삶에 대한 깊은 통찰을 놓치게 됩니다.

가슴이 먹먹할 때는 이유를 캐묻기보다 그저 '마음이 그렇구나' 하고 알아차리는 것이 우선입니다. 감정은 설명하기 전에 먼저 느껴야 하며, 분석하기보다 곁에 머무르는 것이 더 치유적입니다. 그렇지 못하면 감정이나 욕구가 무엇인지 잘 알지 못하고, 심지어 타인의 감정도 판단하거나 고치려 들게 되지요. 그 결과 말은 하지만 감정은 숨겨진 채 관계가 점점 멀어질 수 있습니다.

Date   /   /   /
Today's Mood   ☺   ☺   ☹

✏️ **Do It Yourself**

오늘 내가 충분히 느끼지 못한 감정은

📖 Author's Profile

데이비드 보렌스타인(David Borenstein, 출생 연도 미공개) 미국의 정신과 의사이자 작가이다. 감정의 억압과 감정 표현의 결핍이 인간관계에 미치는 영향을 주제로 연구해 왔다.

DAY 032　　　　　　　　　　불완전함과 친해지기

**Make the best use of what is in your power,
and take the rest as it happens.**

네 힘이 미치는 것을 최선으로 쓰고,
나머지는 일어나는 대로 받아들여라.

'완벽'이란 진공 상태와도 같습니다. 진공 상태에서는 바이러스도 세균도 살아남지 못하지요. 언뜻 깨끗하고 안전해 보이지만, 오히려 면역 체계를 약화시켜 우리 몸을 병들게 하기도 합니다. 우리 마음도 그렇습니다.

혹시 나에게 너무 높은 기준을 부과해서 작은 실수나 결함에도 쉽게 자책하거나 자신을 비난하지 않나요? 이런 성향을 '완벽주의'라고 하지요. 완벽주의는 타인과 끊임없이 비교하면서 불안과 우울, 자기비하를 키웁니다. 그래서 완벽주의는 성취를 돕기보다 마음을 전쟁터로 만들기 쉽습니다.

장폴 사르트르(Jean-Paul Sartre)나 마르틴 하이데거(Martin Heidegger)와 같은 실존주의 철학자들은 '인간이란 원래 불안과 불완전함 속에서 자기 삶의 의미를 창조하는 존재'라 했습니다. 삶이 완벽하지 않기 때문에 바로 그 틈에서 우리는 '자기다움'을 만들 수 있는 것입니다.

Date   /   /
Today's Mood   ☺ 😐 ☹

✏️ Do It Yourself

자주 자책하는 나의 모습은

* 그 모습은 정말 잘못됐거나 틀린 건가요?

📖 Author's Profile

에픽테토스(Epictetus, 서기 55년) 로마의 철학가이다. 스토아학파 철학자에게 가르침을 받고 평생 철학을 가르치며 살았다.

DAY 033

온전함이란 결여를 포함하는 것

Perfection is not just about control.
It's also about letting go.
완벽함이란 통제하는 것만이 아니다.
흘러가게 두는 것이기도 하다.

완벽주의는 통제욕구와 깊은 연관이 있습니다. 삶의 불확실성, 실패 가능성, 타인의 평가를 통제하려는 마음의 전략이지요. 마음의 모든 전략은 우리 자신을 보호하기 위함입니다. 문제는 그런 태도가 장기적으로 부작용이 더 크다는 것입니다. 완벽함을 추구하다 보면 '부족한 나'와 '미완의 나'는 억압될 수밖에 없습니다. '나' 밖으로 밀려난 '나의 일부'는 사라지지 않고 불안, 죄책감, 수치심 같은 그림자의 얼굴로 다시 돌아옵니다.

우리는 부족함의 틈을 메우려 애쓰다 정작 내면의 생명력을 잃기도 합니다. 차라리 그 틈을 허용하면 좋겠습니다. 모든 것을 계획하고 조율할 수 없습니다. 세상도, 타인도, 나 자신조차도. 우리에게 필요한 완벽함의 태도는 '흠 없음'이 아니라 '흠 있는 나다움'을 인정하는 것입니다. 진정한 완전성(wholeness)은 불완전함을 포함합니다.

Date   /   /

Today's Mood   ☺ ☺ ☹

✏️ **Do It Yourself**

'흠 있는 나다움'을 편안하게 드러낸 적은

📖 **Author's Profile**

《블랙 스완》(2011) 대런 애러노프스키 감독, 내털리 포트먼 주연의 영화이다. 완벽을 향한 욕망을 다룬 스릴러로 개봉 당시 평단과 대중으로부터 호평받았다.

| DAY 034 | 조용한 항복, 자기해방의 길 |

> Holding on to anger is like grasping a hot coal
> with the intent of throwing it at someone else;
> you are the one who gets burned.

분노를 품는 것은 다른 사람에게 던질 뜨거운 숯을 손에 쥔 것과 같다.
결국 화상을 입는 건 당신 자신이다.

애써 준비한 소규모 상담 시간이 있었습니다. 그런데 한 참여자가 상담 내내 비협조적인 태도를 보였습니다. 겉으로는 담담한 척했지만, 관망하는 듯한 그의 모습에 화가 났습니다. 왜 이런 감정을 느끼는지 알기 위해 마음을 찬찬히 들여다보니, 그 상황을 내가 원하는 분위기로 이끌어 가고 싶었던 통제욕구가 보였습니다. '상황이 잘 돌아가야 한다'라는 책임감 속에 은폐된 권위가 보였지요. 그것을 알아차린 뒤 감정의 방향이 조금씩 달라졌습니다. 이렇듯 붙들지 않고 놓을 때 분노가 나를 어떻게 움직이고 있었는지 선명해집니다.

분노를 놓는다는 것은 누군가를 용서하겠다는 뜻이 아닙니다. 그 감정으로부터 나 자신을 풀어 주겠다는 조용한 항복입니다. 분노에 담긴 이해받지 못한 마음, 말하지 못한 상처를 더 이상 끌어안고 있지 않겠다는 다짐이지요. 그것은 내가 나를 구속했던 족쇄를 스스로 벗는 일입니다.

Date　　　　／　　／　　／
Today's Mood　　☺　　☺　　☹

✏ Do It Yourself

내가 여전히 놓지 못한 분노는

* 그 감정은 당신을 무엇에 붙잡아 두고 있나요?

📖 Author's Profile

석가모니(Buddha, 기원전 6~5세기경) 불교의 창시자. 고대 인도의 수행자이며 깨달은 자'이다. 고통과 집착의 본질을 깨닫고 통찰했으며, 중생에게 내면의 자유와 무한한 자비를 가르쳤다.

DAY 035

인정, 결국 사랑을 배우는 과정

> You've been criticizing yourself for years and it hasn't worked.
> Try approving of yourself and see what happens.
>
> 스스로를 수년간 비난했지만 효과가 없었다.
> 이번에는 자기 자신을 인정하고 무슨 일이 일어나는지 보라.

우리는 누구보다 자기 자신을 다그치고 혼내곤 합니다. 물론 더 잘하라고, 더 잘 살라고 하는 것이지요. 하지만 스스로를 지지하고 이해하지 못하면 진정한 변화도 평화도 없습니다. 비난은 우리를 무너지게 할 수는 있어도 일으켜 세울 수는 없으니까요.

다만 이제는 인정해 봅니다. 내가 잘못한 일, 상처를 주고도 사과하지 못한 부끄러움, 잘 몰라서 그렇게 할 수밖에 없었던 무지와 어리석음. 다 괜찮습니다. 모두 '인간'이라는 조건 안에서 충분히 이해될 수 있는 것들입니다. 아쉬움 하나 없는 인생이 어디 있겠습니까. 그러니 후회하지 않으려고 너무 애쓰지도 마세요. 아쉬움과 후회 없는 인생이 결코 좋은 게 아닙니다. '후회'란 더 좋은 선택이 있음을 알아차릴 만큼 성장했다는 증거이기도 합니다. 반면 '아무런 후회가 없다'는 말은 '아무것도 배우지 않았다'는 뜻일 수도 있습니다.

Date   /   /   /

Today's Mood ☺ 😐 ☹

✏️ **Do It Yourself**

이제는 인정하고 싶은 내 모습은

* 어떤 변화가 생길 것 같나요?

📖 **Author's Profile**

루이즈 L. 헤이(Louise L. Hay, 1926~2017) 심리적·영적 문제를 다루는, 미국의 대표적인 형이상학 강사이자 베스트셀러 작가이다. 저서로는 『치유: 있는 그대로의 나를 사랑하라』가 있다.

DAY 036

삶을 제한하지 않기

Radical Acceptance is the willingness
to experience ourselves and our life as it is.
A moment of Radical Acceptance is a moment of genuine freedom.
'근본적 수용'은 있는 그대로의 나와 삶을 경험하려는 의지이다.
근본적 수용의 순간은 진정한 자유의 순간이다.

"부족한 나를 어떻게 받아들여요? 그럼, 발전이 없잖아요." 이런 질문에 저는 이렇게 대답합니다. "그 부족함을 인정하지 못하는 나부터 받아들이는 겁니다." 나를 바꾸고 싶은 마음 자체는 자연스럽습니다. 문제는 그 마음속에 숨은 시선이지요. '이런 나는 싫다' 그 모진 시선, 그것까지 끌어안는 것입니다.

느끼고 반응하는 나, 그것을 판단하는 나, 그 모든 것을 지켜보는 나. 그 어떤 '나'도 제한하지 않으며 모두 의식의 자리에 앉히는 것. 저는 이것을 '능동적 수용성'이라고 부릅니다.

수용은 억지로 괜찮다고 말하는 합리화와 다릅니다. 눈을 감고 긍정하려는 맹목적인 낙관도 아니며, 내면의 그림자를 외면한 채 만들어 내는 가짜 평온과도 다릅니다. 진짜 수용은 나를 고치려 하지 않고, 지금 이 순간의 나 자신과 삶을 있는 그대로 기꺼이 경험하는 것입니다.

Date   /   /   /
Today's Mood   ☺ ☺ ☹

✏️ **Do It Yourself**

나 자신을 받아들이기에 가장 어려운 부분은

* 그 거부감 뒤에는 어떤 믿음이나 두려움이 숨어 있을까요?

📖 **Author's Profile**

타라 브랙(Tara Brach, 1953~) 미국의 임상심리학자이자 명상지도자이다. '자기연민'과 '수용적 알아차림'이 핵심 내용인 감정 치유 명상으로 널리 알려졌다. 『Radical Acceptance』의 저자이다.

DAY 037

욕망을 인정하게 만드는 자존감

Never apologize for wanting more.
There is a fine line between greed and a healthy desire for more.
We are creatures of constant evolution, we change and grow.
Our goals are what power these changes.
Without desire, there would be no progress.

더 많은 것을 갈망한다 해서 미안해하지 마라.
탐욕과 건강한 욕망 사이에는 실처럼 가느다란 경계가 놓여 있다.
우리는 끊임없이 진화하는 존재들이며,
끝없이 변화하고, 끝없이 자라난다.
우리가 품은 꿈들이야말로 그 모든 변화의 원동력이 되어 준다.
욕망이 사라진다면, 앞으로 나아가는 발걸음 또한 멈춰 설 것이다.

Date   /   /   /

Today's Mood   ☺ 🙂 ☹

Author's Profile

조슈아 밀러(Joshua Miller, 출생 연도 미공개) '아마존' 자기계발 분야 베스트셀러 작가이자 경영 코치이다. 다양한 글로벌 기업에서 경영진 개발 및 변화 관리 솔루션을 지원하고 있다.

우리는 종종 욕망을 숨깁니다. 더 갖고 싶은 마음, 더 사랑받고 싶은 마음, 더 인정받고 싶은 마음을 스스로 부끄럽게 여기기도 하지요. 욕망을 드러내면 '이기적'이라는 말을 들을까 봐, 유치해 보일까 봐, 아직도 채워지지 못한 존재처럼 보일까 봐 자꾸 감추게 됩니다.

욕망은 삶을 움직이는 근원적인 힘입니다. 이를 억누르거나 감춘다면 자기 삶을 존중하지 않는 것과 같습니다. 더 잘나고 싶은 마음, 더 잘 살고 싶은 욕망. 이것이야말로 얼마나 인간적이고 자연스럽나요. 적어도 자기 자신은 속이지 말아야겠습니다. 그 감정을 민망해하거나 들키지 않기 위해 쩔쩔매지도 마세요. 욕망에 솔직하고 당당한 사람이 훨씬 더 매력적입니다.

성숙한 사람일수록 자신의 결핍과 열망을 부끄러워하지 않고 바라봅니다. 숨기지도 않고, 부풀리지도 않으며, 자기 방식대로 표현하고 책임질 줄 압니다.

✏️ Do It Yourself

내가 솔직하게 인정하지 못하는 욕망은

....

....

* 그 욕망을 인정하면 어떤 점이 좋아질까요?

....

....

*I'm sarcastic, skeptical, and sometimes callous
because I'm still afraid, deep down, of letting myself be hurt.*

나는 빈정대고, 의심하며, 때로는 차갑게 굴곤 하는데
그건 나의 마음 깊은 곳에서 여전히 상처받는 것을 두려워하기 때문이다.

실비아 플라스(Sylvia Plath)

DAY 038

바라는 걸 포기하게 만드는 수치심

There's a difference between thinking you deserve to be happy
and knowing that you are worthy of being happy.
Your being alive makes worthiness your birthright.
You alone are enough.

행복할 자격이 있다고 생각하는 것과
행복할 가치가 있음을 아는 것 사이에는 차이가 있다.
당신이 살아 있다는 그 자체만으로
너의 존재 가치는 타고난 권리다.
당신은 그 자체만으로 충분하다.

Date   /   /

Today's Mood   ☺ 😌 ☹

Author's Profile

오프라 윈프리(Oprah Winfrey, 1954~) 미국의 방송인이자 작가 겸 활동가이다. 감정과 자기이해를 통해 삶의 전환을 이끄는 메시지로 세계인의 공감을 얻었다.

수치심은 나에게 '그럴 자격이 없어'라고 속삭입니다. 학업을 이어 가고 싶지만 '내가 무슨 공부를 하냐'며 자신을 낮추는 사람, 오랫동안 품어 왔던 소망을 '나 같은 사람이 무슨…'이라며 지워 버리는 사람. 이들의 진짜 문제는 욕망의 내용이 아니라 '나는 이것을 원할 자격이 없다'라는 왜곡된 신념입니다. 수치심은 바로 그 믿음을 통해 스스로를 작아지게 만들고 가능성을 접게 합니다.

우리는 불완전하기는 해도 무가치한 존재는 아닙니다. 무엇인가를 바라는 마음은 인간적입니다. 그것을 이루었는지 여부는 나중 문제이지요. 애썼지만 잘 안될 수도 있고, 막상 해 보니 나와는 맞지 않아 포기할 수도 있습니다. 그게 뭐 잘못됐나요? 소망하는 것을 스스로 허락하는 경험이 더 중요합니다. "나는 이것을 원해도 되는 사람이다"라고 자신에게 말할 수 있을 때 실제로 성취할 가능성도 높아집니다. 당신이 원하는 것을 마음껏 원하십시오!

✏️ Do It Yourself

1년 안에 꼭 하고 싶은 것은

....

....

....

....

....

You are valuable because you exist.
Not because of what you do, or what you have done,
but simply because you are.

당신은 존재하기 때문에 가치가 있다.
당신이 무엇을 하거나 무엇을 했기 때문이 아니라,
단순히 당신이기 때문이다.

맥스 루카도(Max Lucado)

DAY 039

기쁨은 '나답게 존재'하는 경험

> Follow your bliss and the universe
> will open doors where there were only walls.
>
> 당신의 기쁨을 따라가면
> 우주는 벽이 있던 곳에 문을 열어 줄 것이다.

억지로 애쓰지 않아도, 누가 보상해 주지 않아도 그저 '나답다'라고 느끼는 순간이 바로 기쁨의 순간입니다. 기쁨은 그저 '좋음'이라기보다 '자기진실성(authenticity)'에서 비롯된 충만한 경험입니다.

그런데 우리는 종종 이 기쁨을 스스로 차단합니다. '이 옷은 너무 튀지 않을까?' '나만 즐거워도 괜찮을까?' 즐거움은 이기적인 것이라고, 너무 신나 보이면 유치한 것이라고 기쁨을 차단하지요. 이렇게 타인의 시선으로 자기 자신을 검열하는 습관이 있는지 돌아보면 좋겠습니다.

세상은 우리의 기쁨을 막지 않습니다. '나'라는 존재를 스스로 제한하지 않으면 사실 아무것도 방해될 것이 없습니다. 누군가에게 잘 보이기 위해서도 아니고, 무엇을 이루기 위해서도 아닌, 지금 이 자리에서 나 자신을 있는 그대로 살아 내는 것. 바로 그 자체가 '기쁨'이라는 것을 알게 됩니다.

Date / / /

Today's Mood ☺ ☻ ☹

✏️ **Do It Yourself**

최근에 기쁨을 느낀 순간은

* 기쁨의 순간, 당신은 자신이 어떻게 느껴졌나요?

📖 **Author's Profile**

조지프 캠벨(Joseph Campbell, 1904~1987) 미국의 비교신화학자. '영웅의 여정(The Hero's Journey) 이론'을 통해 인간의 욕망, 고통, 성장 과정을 신화적 구조로 설명했다.

DAY 040

위대해지려 애쓰지 않아도

You already possess everything necessary to become great.

당신은 이미 위대해질 모든 조건을 지니고 있다.

'위대함'이란 그리 거창한 게 아닐 겁니다. 거룩하다거나 빛으로 가득 찬 상태가 아니라 빛과 그림자가 공존한 모순된 나 자신을 있는 그대로 받아들이는 상태일지도 모릅니다. 카를 구스타프 융은 자신에게 어두운 면이 없다고 믿는 사람을 '그림자 없는 사람'이라 불렀습니다. 그림자 없는 사람은 자신의 삶을 깊이 성찰하거나 타인의 마음에 진심으로 공감하기 어렵습니다.

우리가 위대해질 수 있는 조건에는 이런 것들이 포함되지 않을까요. 내 그림자를 인식하는 용기, 타고난 생명력, 스스로를 치유할 수 있는 자생력. 조금 더 나아가 보면, 통제 가능한 것과 통제 불가능한 것을 구분하는 능력도 여기에 포함됩니다. 또한 타인과 비교하지 않으면서 자신의 한계와 가능성을 인식해 보여 주는 태도도 위대함의 일부일 것입니다. 결국 위대함은 무엇인가를 더 갖추는 일이 아니라 '본래의 자신이 되어 가는 과정'이 아닐까요.

Date   /   /

Today's Mood   :)   :| :(

✏️ **Do It Yourself**

최근에 남과 비교하지 않고, 있는 그대로의 나를 존중한 순간은

* 스스로를 존중하며 당신은 어떤 감정을 느꼈나요?

📖 **Author's Profile**

아메리칸 인디언 '크로(Crow)' 부족의 속담

CHAPTER 3
내 삶의 주체 되기

나답게 살고 싶다면 나의 목소리를 들어야 합니다.

가만히 내 마음에 귀를 기울이세요.

DAY 041

괜찮지 않아야 보이는 것

> We don't really learn anything properly until there is a problem, until we are in pain, until something fails to go as we had hoped … We suffer, therefore, we think.
>
> 우리는 어떤 문제가 생기고, 고통을 겪고, 일이 잘 풀리지 않기 전에는 아무것도 제대로 배우지 못한다. 그러므로 우리는 고통받고, 생각한다.

NASA에서 아폴로 11호에 탑승할 우주인을 선발할 때 "실패 경험이 없는 사람은 제외한다"는 기준이 있었다고 합니다. 위기나 실패를 부정적으로 보지 않고, 오히려 좌절 경험이야말로 마음을 단련하고 문제 해결 능력을 키우는 기회로 여긴 것이지요. 그러고 보면 가장 깊이 생각하고 진심으로 나 자신을 돌아본 순간은 언제나 무엇인가가 어긋난 뒤였던 것 같습니다. 참 묘하게도 인간이란 존재는 모든 것이 순조로울 때는 깊은 사유에 이르기 어렵습니다. 안에서든 밖에서든 어떤 균열이 일어나야 존재나 현상에 대해 진지한 질문이 시작되곤 하니까요.

우리 삶에는 해석과 대화가 필요합니다. 내가 지금 겪고 있는 일을 어떤 관점으로 볼 것인지, '내 인생 이야기'를 어떻게 만들어 가고 싶은지 한번 생각해 보면 어떨까요.

Date   /   /   /

Today's Mood   ☺ ☺ ☹

✎ Do It Yourself

나에 대해 다시 생각하게 된 계기는

* 그 일로 당신이 배운 것은 무엇인가요?

📖 Author's Profile

알랭 드 보통(Alain de Botton, 1969~) 스위스 출신의 영국 작가이자 철학자이다. 철학을 일상 언어로 표현하는 능력이 탁월하다. 주요 저서로는 『불안』, 『왜 나는 너를 사랑하는가』 등이 있다.

DAY 042 — 조금씩, 나답게 살아가는 법

Discomfort is the price of admission to a meaningful life.

불편함은 의미 있는 삶을 살기 위한 입장료이다.

당신은 오늘 무엇을 위해 살고 있나요? 지금 이 순간이 왜 소중한지를 자신에게 설명할 수 있나요? 바로 이런 사유가 삶의 의미를 만들어 갑니다. 의미는 누가 대신 정해 주는 게 아니라 내 삶에서 스스로 만들어 가는 것입니다. 내 가치에 따라 행동하는 것. 어렵고 복잡한 인생살이에서 그때그때 선택하고 책임지면서 '나만의 의미'를 부여하는 것이지요. 지금은 그것이 무엇인지 확실히 잘 몰라도 괜찮습니다. 이제부터 찾고 다듬어 가면 되니까요. 조금씩 시도해 보고, 부딪히고, 돌아서면서 방향을 잡으면 됩니다.

그런데 가치를 따르는 삶은 때때로 불편하고 아픕니다. 예를 들어 '성장'을 중요한 가치로 여기는 사람은 자신의 무능과 한계에 부딪히는 과정을 기꺼이 경험해야 합니다. 그런 불편함과 아픔을 견디는 사람은 점점 더 '진짜 나의 삶'에 가까워집니다. 결국 그렇게 살아가는 하루하루가 '의미 있는 삶'이 됩니다.

Date   /   /
Today's Mood   ☺ ☺ ☹

✏️ **Do It Yourself**

지금 나에게 의미 있는 삶이란

* 이 정의는 당신 삶에서 어떤 선택을 가능하게 하나요?

📖 **Author's Profile**

수전 데이비드(Susan David, 1970~) 남아프리카공화국 출신의 심리학자. 『감정이라는 무기』의 저자이며, 이 책에서 정서 민감성과 함께 자기진정성의 중요성을 강조했다.

DAY 043

억압된 감정의 부메랑

Unexpressed emotions will never die.
They are buried alive and will come forth later in uglier ways.

표현되지 않은 감정은 결코 사라지지 않는다.
그것들은 산 채로 묻혀 있다가 나중에 더 추한 형태로 나타난다.

우리는 화내는 것을 나쁘거나 미성숙한 행동이라 배웠습니다. 기대고 싶은 마음을 나약한 것으로, 사랑받고 싶은 마음을 유치한 것으로 여기기도 합니다. 하지만 무엇인가를 원하는 마음에는 어떤 자격도 필요하지 않아요. 우리는 얼마나 고통스러웠는지 이야기하고 싶어 합니다. 기쁜 일도 마찬가지예요. 자랑거리는 몇 번을 말해도 질리지 않지요.

문제는 표현의 본능을 억누를 때 생깁니다. 특히 감정과 욕구를 숨기거나 부인한다면 반드시 이자가 붙은 청구서를 받게 됩니다. 이유 모를 짜증, 분노 폭발, 만성적인 우울이나 불안 등이 나타나는 것이지요. 억압된 감정은 반드시 돌아옵니다. 그러니 청구서를 받기 전에 오늘부터 감정과 욕구를 인정하고 표현해 보면 어떨까요? 느끼는 것도, 표현하는 것도 존엄한 당신의 권리입니다.

Date   /   /

Today's Mood   :) :) :(

✏️ Do It Yourself

감정을 오래 참은 후 나에게 일어나는 일은

* 이런 습관은 당신에게 어떤 영향을 끼쳤나요?

📖 Author's Profile

지그문트 프로이트(Sigmund Freud, 1856~1939) 오스트리아의 신경학자이다. 무의식, 꿈, 억압 등의 개념을 바탕으로 인간 심리를 혁신적으로 해석하여 현대 심리학과 정신의학의 기초를 세웠다.

DAY 044 ‖ 언어를 잃은 다음, 다시 말하기까지

> Give sorrow words;
> the grief that does not speak knits up
> the o-er wrought heart and bids it break.
> 슬픔에게 말을 주어라.
> 말하지 못한 슬픔은 상처받은 마음을 짓눌러 그 마음을 부서뜨리게 한다.

가장 큰 고통은 '말할 수 없는 고통'입니다. 그래서 극단적인 고통을 겪으면 아예 언어를 잃기도 합니다. 고통을 꺼내는 일은 수치와 위험을 동반할 수 있기에 쉽지 않습니다. 언어를 상실한 경험 때문에 스스로를 통제하지 못하는 또 다른 고통을 안게 되기도 하지요. 그래서 누구에게라도 아픔을 꺼내 놓으라고 강요할 수는 없습니다. 그 사람이, 혹은 내가 말할 준비가 될 때까지 그저 곁에 머물 뿐입니다.

그러다 고통에서 조금 비켜서게 된다면, 아주 조금만 용기를 낼 수 있다면, 더듬거리더라도 목소리를 내어 보세요. 꼭 누군가에게 말하지 않아도 괜찮습니다. 글로 쓰는 방법도 있어요. 분명히 나는 그 고통을 겪던 때의 내가 아닙니다. 더 많은 것을 감당할 수 있는 존재입니다. 고통을 통과해 살아남은 자신을 믿고 위로와 자긍심을 표현해 주세요.

Date   /   /

Today's Mood   ☺ 😐 ☹

✏️ **Do It Yourself**

'말할 수 없는' 내 비밀은

📖 **Author's Profile**

윌리엄 셰익스피어(William Shakespeare, 1564~1616) 영국의 극작가이자 시인이다. 세계적인 대문호로 꼽히며 『로미오와 줄리엣』, 『햄릿』과 같은 걸작을 썼다.

DAY 045

자기표현은 자기존재의 증언

> There is no greater agony than bearing
> an untold story inside you.
>
> 말하지 못한 이야기를 마음속에 품고 있는 것보다
> 더 큰 고통은 없다.

감정과 생각을 자유롭게 표현하지 못하도록 막는 것은 무엇일까요? 비난, 비교, 불신, 냉소, 거부와 같은 태도일 것입니다. 반대로 자유로운 표현을 가능하게 하는 것은 관심, 공감, 수용, 칭찬, 이해, 지지와 같은 따뜻한 반응입니다. 이처럼 표현을 가로막는 환경에서 자신을 억누르다 보면 자기검열은 습관이 되고 자아는 점점 위축됩니다. 그리고 그 뒤에는 또 다른 고통이 따라옵니다.

고통스러운 경험일수록 '나만의 이야기'로 풀어 내는 것이 중요합니다. 감정은 에너지이기 때문에 흐르지 못하면 결국 몸으로 드러나지요. 불면, 두통, 소화 장애, 근육통, 호흡 곤란 등의 증상으로 나타나는 현상을 '신체화(somatization)'라고 합니다.

자기표현을 허용하는 조건을 남에게 기대하기보다 스스로에게 허락해 주세요. 그래야 마음도 몸도 덜 아프고 더 건강하게 살아갈 수 있습니다.

Date   /   /   /

Today's Mood   ☺   😊   ☹

✏️ **Do It Yourself**

언젠가 꼭 꺼내고 싶은 내 이야기는

* 지금까지 당신이 그 이야기를 꺼내지 못한 이유는 무엇인가요?

📖 Author's Profile

마야 앤절로(Maya Angelou, 1928~2014) 미국의 시인이자 인권운동가이다. 자전적 성격의 『새장에 갇힌 새가 왜 노래하는지 나는 아네』에서 흑인 여성의 삶과 정체성을 시적 언어로 풀어 냈다.

DAY 046

자기진정성의 네 가지 차원

We are what we pretend to be,
so we must be careful about what we pretend to be.

우리는 우리가 가장(假裝)하는 모습이 된다.
그러니 무엇을 가장하는지 조심해야 한다.

자신에게 진실하기란 생각보다 단순한 일일 수 있습니다. 다른 누구도 아닌, 그저 나 자신에게 솔직하면 되니까요. 성격심리학자 커니스와 골드먼(Kernis, M. H. & Goldman, B. M.)은 이런 자기진정성을 네 가지 차원으로 설명합니다.

첫째, 자기인식(self-awareness)은 내 감정과 동기를 알아차리는 능력입니다. 둘째, 편향 없는 수용(unbiased processing)은 자신의 감정이나 행동을 왜곡하거나 회피하지 않고, 그대로 바라보고 받아들이는 과정입니다. 셋째, 행동의 진정성(behavioral authenticity)은 내 감정과 가치에 맞는 방식으로 행동하는 것입니다. 넷째, 관계 지향성(relational orientation)은 타인 앞에서도 자신을 숨기지 않고, 있는 그대로의 '나'로 설 수 있는 태도입니다.

이러한 자기진정성은 자존감, 관계의 질, 스트레스 회복력에 깊은 영향을 줍니다. 치유와 성장이란 결국 자기 자신에게 진실해지는 것입니다.

Date   /   /   /

Today's Mood   ☺   ☺   ☹

✏️ Do It Yourself

내가 나에게 가장 솔직했던 기억은

📖 Author's Profile

커트 보니것(Kurt Vonnegut, 1922~2007) 미국의 수필가이자 소설가이다. 거침없는 풍자와 인간 본성에 대한 통찰로 유명하다. 대표작으로는 『제5도살장』, 『고양이 요람』 등이 있다.

DAY 047 ｜ 주시하고 관찰해야만 보이는 것

The pleasure of criticizing takes away from us
the pleasure of being moved by some very fine things.
비판의 즐거움은 아름다운 것들 앞에서 감동할 수 있는 기쁨을 가져간다.

비판은 날카롭고 명료해 보입니다. 하지만 그 속을 들여다보면 두려움이 숨어 있을 때가 많습니다. 통제하려는 마음, 우위에 서고 싶은 욕망, 더 나아지지 않으면 안 된다는 불안. 그래서 우리는 자신을, 타인을, 세상을 끊임없이 비판적으로 평가합니다. 그 결과는 어떨까요? 있는 그대로 볼 수 없게 되고, 늘 '어떻게 달라져야 하는가'에만 집착하게 됩니다.

그러니 잠시 판단을 내려놓으세요. 판단 없는 관찰이 핵심입니다. 판단을 멈춘다고 해서 바보 같아 보이지 않아요. 오히려 더 똑똑해집니다. 내가 지금 무엇을 느끼는지, 상대는 어떤 상태에 있는지, 정답을 고르려 하지 말고 그냥 '보다' 보면 보이는 것이 있습니다. 흠을 찾으면 불안이 늘지만, 그냥 보면 왜 그런지 알게 됩니다.

Date   /   /

Today's Mood   ☺   ☺   ☹

✏️ **Do It Yourself**

내가 자주 비판하는 대상은

* 타인을 향한 그 비판에는 나의 어떤 불안이나 기대가 숨어 있을까요?

📖 **Author's Profile**

장 드 라브뤼예르(Jean De La Bruyère, 1645~1696) 프랑스의 사상가이다. 중류 계급 출신으로, 귀족 가문의 가정 교사로 일하며 관찰한 상류 사회의 세태를 풍자하여 『인간성격론』을 펴냈다.

DAY 048

'나다움'이 곧 자유

> Freedom is not the absence of commitments,
> but the ability to choose—and commit myself to—
> what is best for me.
>
> 자유란 의무가 없다는 게 아니라,
> 나에게 가장 좋은 것을 선택하고 그것에 전념할 수 있는 능력이다.

상담을 하다 보면 "내 마음대로 살고 싶다"라는 말을 자주 듣습니다. 그 말 너머로 오랫동안 남에게 맞추려 참고 살아온 고단함이 느껴집니다. 남들이 어디까지 갔는지 신경 쓰고 쫓아가느라 정작 내가 원하는 것을 돌아볼 여유가 없었던 시간들. 그래서 '하고 싶은 것을 마음껏 해 보고 싶다'는 열망은 결국 '이제라도 나답게 살고 싶다'는 간절한 바람으로 들립니다.

이런 마음을 솔직하게 들여다볼 때 우리는 조금씩 이해하게 됩니다. 내가 무엇을 참아 왔고, 무엇을 원했는지를. 이런 이해는 비교와 경쟁의 시선을 거두게 하고, 내 안의 목소리에 귀 기울이게 합니다. 비로소 타인이 아닌 나에게 기준을 두는 삶이 시작되지요. 그러면서 서서히 나다운 삶으로 옮겨 가게 되고, 신기하게도 그 안에서 하고 싶은 것을 저절로 하게 됩니다. 결국 '자유'란 자기 자신과 다시 연결될 때 자연스럽게 따라오는 결과인 것 같습니다.

Date   /   /   /

Today's Mood   ☺ ☻ ☹

✏️ Do It Yourself

나에게 '내 마음대로 하고 싶다'는 것은

📖 Author's Profile

파울로 코엘료(Paulo Coelho, 1947~) 브라질의 작가이다. 『연금술사』로 세계적 명성을 얻었고, 자기탐색과 영적 성장을 주제로 한 소설을 다수 썼다.

DAY 049

조금씩, 내 쪽으로

I will not follow where the path may lead,
but I will go where there is no path, and I will leave a trail.

나는 길이 인도하는 곳으로 따르지 않으리라,
길이 없는 곳으로 가서 발자취를 남기리라.

분명 열심히 사는데 가끔 마음 한편이 허전하고 불안합니다. 이런 삶이 정말 내가 원하는 것인지 문득 의문이 들지요. 부모의 기대, 사회의 인정, 주변의 기준을 따라가다 보면 어느 순간 '이게 맞나?' 하고 멈춰 서게 됩니다. 그렇게 잠시나마 나를 돌아볼 수 있다면 중요한 첫걸음을 내디딘 것입니다.

나의 길을 간다는 건 기존의 모든 기준을 거부하라는 뜻은 아닙니다. 다만 이제 나에게 물어보라는 것이지요. '나는 이게 정말 좋은가?' '나에게 정말 필요한 일인가?' '내 기질, 강점, 한계를 따져 봤을 때 지금 이 방향이 나에게 맞을까?' 그렇게 조금씩 내 쪽으로 방향을 트는 시도, 거기서 나의 길은 시작됩니다.

그런데 주의할 점이 하나 있습니다. 행복이나 성공은 목적지가 될 수 없어요. 그것은 길을 걷다 마주하는 한 장면, 그저 지나가는 과정일 뿐이니까요.

Date   /   /

Today's Mood   :) :) :(

✏️ Do It Yourself

남이 정한 기준이 아닌, 나의 기준으로 결정을 내린 기억은

📖 Author's Profile

뮤리얼 스트로드(Muriel Strode, 1875~1964) 미국의 시인이다. 자연과 우주의 존재에 대한 철학적이고 신비주의적인 시를 썼다. 특히 자아 발견과 내면의 힘에 대한 글을 여럿 남겼다.

DAY 050

타인의 언어로 나를 규정하지 말 것

Responsibility to yourself means refusing to let others do your thinking, talking, and naming for you.

자기 자신을 책임진다는 것은
남들이 당신 대신 생각하고, 말하고, 규정하는 것을 거부하는 일이다.

"그건 아무나 하는 게 아니야." "좀 늦지 않았어?" "다들 이렇게 해." "슬픈 일도 아닌데 왜 울어?" 이런 말들은 누군가의 가능성을 제한하고, 결정을 대신 내리고, 감정을 재단하고, 존재를 단정 짓습니다. 이런 말을 들으면 당연히 상처받을 수 있지요.

그런데 이런 말을 남에게 하는 사람은 자기 자신에게도 같은 식으로 대할 가능성이 큽니다. 우리는 보통 자기 자신을 대하는 방식을 남에게도 적용하니까요. 그러니 남이 던지는 불친절한 말에 너무 흔들리지 마세요. "아, 당신 생각은 그렇군요?" 하면 됩니다. 굳이 대항하거나 설득하려 애쓸 필요 없습니다. 담담하게 내 입장을 전하고 툭 털어 버리면 됩니다. 타인의 시선으로 나를 판단하지 않고, 타인의 해석에 나를 가두지 않는 게 중요해요. 타인은 내 인생을 책임져 주지 않습니다. 내 삶을 책임질 사람은 나 자신뿐입니다.

Date　　　/　　　/

Today's Mood　　😊　😐　☹️

✏️ **Do It Yourself**

요즘 나에게 가장 필요한 말은

* 지금 자신에게 그 말을 들려줄 수 있나요?

📖 Author's Profile

에이드리엔 리치(Adrienne Rich, 1929~2012) 미국의 시인, 페미니스트이자 사회운동가이다. 성적 정체성, 사회적 불평등과 같은 민감한 주제를 과감하게 다루었다.

DAY 051

나를 위해, 이제 내가

> When we are no longer able to change a situation,
> we are challenged to change ourselves.
>
> 우리가 더 이상 상황을 바꿀 수 없다면,
> 우리는 자신을 바꾸어야 하는 도전에 직면한다.

뜻대로 되지 않는 상황을 맞닥뜨릴 때 우리는 흔히 환경이나 남을 탓하며 어떻게든 상황을 바꾸고 싶어 합니다. 친구나 연인 관계에서도 그렇지만 특히 부모와의 관계에서는 그런 마음이 더 절실해집니다. '좀 더 나를 이해해 주었으면…' '있는 그대로 나를 사랑해 주었으면…' '어른답게 나를 지지해 주었으면…' 하고 기대하지요. 어린 시절에 충분한 보살핌과 애정을 받지 못했다면 그 결핍은 자연스레 분노와 원망으로 남기도 합니다. 그런 마음을 품는 것 자체는 잘못이 아닙니다. 너무나 인간적인 반응이니까요.

하지만 안타깝게도 부모는 우리가 원하는 방식으로 변하지 않습니다. 바꿀 수 없는 부모, 변하지 않는 현실 앞에서 우리는 결국 선택해야 합니다. 상처 입은 아이로 남을 것인가, 나로서 살아가는 주체가 될 것인가. 변화는 어렵고 두려운 일입니다. 하지만 다행인 것은 나 하나만 바꾸면 된다는 사실입니다.

Date   /   /   /

Today's Mood   ☺   😊   ☹

✏️ Do It Yourself

내가 여전히 부모에게 기대하는 것은

이제 내가 나에게 해 주어야 할 것은

📖 Author's Profile

빅터 E. 프랭클(Viktor E. Frankl, 1905~1997) 오스트리아의 정신과 의사이자 철학자이다. 독일 나치 강제 수용소에서의 충격적 경험을 바탕으로 『빅터 프랭클의 죽음의 수용소에서』를 썼다.

DAY 052

'좋은' 사람, '나쁜' 패턴

You teach people how to treat you by what you allow,
what you stop, and what you reinforce.

당신은 무엇을 허용하고, 무엇을 멈추며, 무엇을 지지하는지를 통해
사람들이 당신을 어떻게 대해야 하는지를 가르친다.

착한 사람은 빠르게 눈치채고, 먼저 손을 내밀고, 갈등이 생길까 봐 꾹 참습니다. 누가 뭐라 하지 않아도 자기 역할을 알아서 찾고 그 일을 합니다. 그리고 그런 순간들이 쌓입니다. 어느 순간 문득 '왜 나만 이래야 하지?' 하는 억울함이 올라올 것입니다. 그러면 바로 또 자신을 다그칩니다. '내가 너무 예민한가?' '이기적인 게 아닐까?' 이런 마음 뒤에는 '좋은 사람이 되어야 사랑받을 수 있다'는 믿음이 있습니다.

하지만 진짜 이기적인 건 무엇일까요? '나만' 챙기는 것은 분명 이기적인 행동이지요. 하지만 '나부터' 챙기는 것은 이기적인 게 아닙니다. 계속 참고 매번 맞추어 주는 건 결국 상대에게 '당신은 날 그렇게 대해도 괜찮다'고 허용하는 것과 같습니다. 관계는 그렇게 굳어지고 반복됩니다. 내가 나를 존중하지 않으면 남들도 나를 그렇게 대합니다.

Date   /   /

Today's Mood   ☺   😐   ☹

✏️ Do It Yourself

나를 먼저 챙길 때 드는 마음은

* 그런 생각은 어디에서 비롯됐나요?

📖 Author's Profile

토니 개스킨스(Tony Gaskins, 1984~) 미국의 동기부여 강연가이자 저술가이다. 긍정적인 관점으로 인간관계와 자기존중에 관한 메시지를 전한다.

DAY 053

우리는 어떤 사람이 될 것인가

Man does not simply exist but always decides
what his existence will be,
what he will become the next moment.
By the same token, every human being has the freedom
to change at any instant.

인간은 단순히 존재하는 것이 아니라
자신의 존재가 무엇이 될지,
다음 순간 무엇이 될지를 항상 결정한다.
마찬가지로 모든 인간은 어느 순간이든 변화할 자유를 가지고 있다.

Date   /   /   /

Today's Mood   ☺ ☺ ☹

Author's Profile

빅터 E. 프랭클(Viktor E. Frankl, 1905~1997) 오스트리아의 정신과 의사이자 철학자이다. 독일 나치 강제 수용소에서의 충격적 경험을 바탕으로 『빅터 프랭클의 죽음의 수용소에서』를 썼다.

상처는 나를 규정하지 못합니다. 상처 입은 후에 어떤 선택을 했는지가 자신을 만들어 가는 것이지요. 그렇기에 누군가가 겪은 일만으로는 그 사람을 판단할 수 없습니다. 가난하게 자랐든, 배움이 짧든, 어떤 폭력을 경험했든지 간에 그것이 그 사람의 인격을 설명하지 않습니다. 어릴 적에 공부를 얼마나 잘했는지, 어떤 대접을 받고 자랐는지 역시 마찬가지입니다. 지능(재능)이나 환경은 그냥 우연히 주어진 조건일 뿐이니까요.

하지만 어떤 사고방식을 가지고 어떻게 살아가려 하는지는 그 사람의 성숙도와 품위를 보여 줍니다. 예를 들어 부모의 기대에 맞추어 살다가 서른 살이 넘어서야 비로소 '내가 원하는 삶은 무엇인가'라고 묻기도 합니다. 또는 실직 후 무기력해졌다가 자격증 공부를 시작하고선 다시 삶을 그려 나가는 경우도 있습니다. 선택은 두려운 일이지만 마냥 두렵기만 한 일도 아닙니다.

Do It Yourself

최근에 내가 했던 중요한 선택은

....

....

* 그 선택은 내면의 어떤 변화와 연결되어 있나요?

....

....

*You may not control all the events that happen to you,
but you can decide not to be reduced by them.*

당신에게 일어나는 모든 일을 통제할 수 없지만,
그 일들로 인해 위축되지 않기로 결정할 수는 있다.

마야 앤절로(Maya Angelou)

DAY 054 | '좋은 능력'보다 '좋은 마음'으로 산다면

It's our choices, Harry, that show what we truly are,
far more than our abilities.

해리, 우리를 진정으로 보여 주는 건 능력이 아니라 선택이야.

나의 능력이 나를 설명할 수 없습니다. 우리는 흔히 능력이 뛰어난 사람을 두고 "대단하다"고 말합니다. 그 능력은 분명히 훌륭한 자원이며, 그것을 키워 온 노력도 그의 힘입니다. 하지만 그보다 중요한 것은, 그 능력을 어디에 쓸지 결정하는 '기준'과 '가치'입니다. 그 선택에 따라 그는 전혀 다른 사람이 됩니다. 어떤 사람은 정의로운 방향을 택하고, 어떤 사람은 자신에게 가장 편리한 쪽을 고릅니다. 아무리 뛰어난 실력을 가졌더라도 오직 자신의 이익만을 챙긴다면 그 사람을 진심으로 존경하기는 어렵습니다.

이런 질문을 던져 봅니다. 과연 '능력'이란 무엇일까요? 학벌이나 스펙만이 능력은 아닙니다. 호기심, 인내력, 공감 능력처럼 우리는 다양한 능력이 있습니다. 그것을 당당하고 가치 있게 펼치며 살아간다면, 언젠가 내 삶이 나를 정의할 것입니다. "나는 이런 사람이야!"라고 말입니다.

Date   /   /

Today's Mood   ☺ ☺ ☹

✏️ **Do It Yourself**

내가 자부하는 내 능력은

* 당신은 그 능력을 어떻게 쓰고 싶은가요?

📖 **Author's Profile**

J. K. 롤링(J. K. Rowling, 1965~) 영국의 소설가이다. 판타지 소설 『해리 포터』 시리즈의 저자로 마법의 세계에서 펼쳐지는 인간의 성장, 운명적 선택, 윤리적 갈등 등을 깊이 있게 그렸다.

DAY 055 핵심은 내면의 일치감

> Success is liking yourself, liking what you do,
> and liking how you do it.
> 성공이란 자신을 좋아하고, 자신이 하는 일을 좋아하고,
> 자신이 그 일을 해내는 방식을 좋아하는 것이다.

효능감은 내가 어떤 일을 해낼 수 있다고 느끼는 '내적 확신'입니다. 좋은 결과를 내야 효능감이 생긴다고 생각하지만 실은 그 반대입니다. 좋은 결과 이전에 '나 자신을 믿을 수 있는가?' '나의 판단과 선택을 스스로 지지하는가?' 이것이 핵심입니다. 그런데 이런 믿음을 가지려면 먼저 자기 자신을 '괜찮은 사람'이라고 여길 수 있어야 합니다.

내가 좋아하는 방식으로 어떤 일을 해내면 과정은 덜 괴롭고 에너지도 고갈되지 않습니다. 억지로 하는 것이 아니라 자연스럽게 몰입할 수 있으니까요. 진짜 효능감은 성취보다 '일치감'에서 생겨납니다. 일치감은 욕구, 행동, 가치가 충돌하지 않고 조화를 이루는 상태입니다. '성공'이란 꼭 그럴듯한 결과가 아니라 일치감을 느끼며 나답게 살아가는 것입니다. 그 안에서 느껴지는 충만함이 어쩌면 가장 멋진 성공 아닐까요.

Date   /   /   /

Today's Mood   ☺ ☺ ☹

✏️ **Do It Yourself**

최근에 내가 일치감을 느낀 적은

📖 **Author's Profile**

마야 앤절로(Maya Angelou, 1928~2014) 미국의 시인이자 인권운동가이다. 자전적 성격의 『새장에 갇힌 새가 왜 노래하는지 나는 아네』에서 흑인 여성의 삶과 정체성을 시적 언어로 풀어 냈다.

DAY 056 　　과거를 품고 미래를 맞이하는 법

> What lies behind us and what lies before us are
> tiny matters compared to what lies within us.
>
> 우리 뒤에 있는 것과 앞에 있는 것은
> 우리 안에 있는 것에 비하면 사소한 문제이다.

되돌릴 수 없는 일에 너무 오래 마음을 붙잡아 두지 마세요. 아직 오지 않은 미래의 일로 밤잠을 설치지도 말고요. 지난 일은 돌아보며 배움의 기회로 삼으면 되고, 다가올 날은 차근차근 준비하면 됩니다. 엎질러진 물은 다시 주워 담을 수 없고, 가득 담긴 물은 일부러 쏟을 이유가 없으니까요.

정말 주의 깊게 바라보아야 할 것은 지금 내 안에서 일어나는 일입니다. 삶의 에너지인 감정을 자각하고 그 뿌리를 들여다보는 일이지요. 감정은 존재의 중심에서 솟아나는 에너지입니다. 생명력, 회복력, 창조성. 우리는 그 힘을 이미 품고 있습니다. 이 에너지를 잘 쓸 수 있다면 과거의 상처나 미래의 불안이 더 이상 나를 지배하지 않을 것입니다. 현재를 충실하게 살아 내는 힘은 곧 과거를 품고 미래를 맞이하는 힘이 됩니다.

Date　　　／　　／　　／

Today's Mood　　😊　😀　☹

✏️ **Do It Yourself**

최근에 내가 가장 후회한 순간은

* 그 일에서 당신이 배운 점은 무엇인가요?

📖 **Author's Profile**

헨리 스탠리 해스킨스(Henry Stanley Haskins, 1875~1957) 미국 월 스트리트의 금융업자로 활동했다. 익명으로 격언집을 출간했으나 1947년 《뉴욕 타임스》가 그의 정체를 밝혔다.

DAY 057

비슷한 사람에게 끌리는 이유

Until you make the unconscious conscious,
it will direct your life and you will call it fate.

무의식을 의식화하지 않는 한 무의식이 당신의 삶을 이끌 것이고,
당신은 그것을 운명이라 부를 것이다.

어떤 사람에게 유난히 끌리는 마음에도 나름의 패턴이 있습니다. 연애에서도 비슷한 흐름이 반복되곤 하지요. 비슷한 이유로 끌리고, 같은 욕구로 다투고, 결국 익숙한 방식으로 멀어지는 경우가 많습니다. 이런 반복에는 무의식이 작용합니다. 내 안의 결핍이나 두려움이 상대에게 투사되고, 그 투사된 이미지를 사랑하거나 미워하게 되는 것이지요. 그 감정이 어디서 비롯됐는지 들여다보는 일이 중요한 이유입니다.

자기인식이 없으면 비슷한 어려움은 반복됩니다. 내가 하는 선택, 만나는 사람, 겪는 사건은 무의식적인 동기에 의해 일어난 일일 수 있습니다. 이런 무의식적 가능성에 주의를 두고 인식하는 것, 이 과정을 '무의식의 의식화'라고 합니다. 조금 더 의식적인 삶을 살아갈 때 우리는 비로소 자신과 삶을 온전히 받아들이게 됩니다.

Date   /   /   /

Today's Mood   ☺   ☺   ☹

✏️ Do It Yourself

내가 반복해서 겪는 인간관계의 패턴은

* 그런 인간관계의 패턴에는 어떤 불안이 있을까요?

📖 Author's Profile

카를 구스타프 융(Carl Gustav Jung, 1875~1961) 스위스의 정신과 의사이자 심리학자이다. 분석심리학의 창시자로 심리학, 철학, 예술, 종교 분야에 깊은 영향을 끼쳤다.

DAY 058

반응을 바꾸는 인식

> The real voyage of discovery consists
> not in seeking new landscapes,
> but in having new eyes.
>
> 진정한 여행은 새로운 풍경을 찾는 것이 아니라,
> 새로운 눈을 갖는 데 있다.

"그렇게 나를 몰아붙일 필요는 없었는데, 이제야 알겠어요." 많은 사람이 오랫동안 자기 자신을 오해한 뒤에 이렇게 말하곤 합니다. 자기를 이해하게 되면 그 시선은 자연스레 타인에게 이어집니다. "그 사람도 일부러 나에게 상처를 주려던 건 아니었네요. 아마 본인도 불안했겠죠." 이처럼 자신과 타인에 대한 이해가 깊어질수록 상황을 해석하는 힘과 방향도 달라집니다.

예를 들어 직장 동료에게 늘 무시당한다고 느껴 온 사람이 있습니다. 하지만 어느 날 문득 '혹시 내가 저 사람을 통해 내 열등감을 보고 있었던 건 아닐까?'라는 생각이 스쳤습니다. 동료의 태도는 예전과 똑같은데 자신의 인식과 반응이 달라진 것이지요. 이런 게 바로 남에게 던졌던 내 그림자를 거두어들이는 일입니다. 그림자와 마주하고 그것을 나의 일부로 받아들일 때 우리는 세상을 더 긍정적이면서 입체적으로 볼 수 있습니다.

Date   /   /

Today's Mood   ☺ ☻ ☹

✏️ **Do It Yourself**

요즘 내가 불편한 사람은

* 그 불편한 감정은 당신 안의 무엇을 건드린 걸까요?

📖 **Author's Profile**

마르셀 프루스트(Marcel Proust, 1871~1922) 프랑스의 소설가이자 사상가이다. 시간과 기억, 더 나아가 인간 내면을 깊이 있게 탐구한 소설 『잃어버린 시간을 찾아서』로 문학적 혁신을 이끌었다.

DAY 059 — 억압적인 신념에 저항하기

> The first problem for all of us, men and women,
> is not to learn but to unlearn.
>
> 남자와 여자 모두에게 첫 번째 문제는
> 배우는 것이 아니라 배운 것을 잊는 일이다.

'남자는 울면 안 돼' '여자는 참아야 해'라고 배웠습니다. 우리의 신념은 대부분 배워서 믿게 된 것들입니다. 그런데 그 신념들이 과연 내가 진짜 원하는 삶과 가까울까요? '여자는 원래…' '남자는 당연히…' '딸이라면…' '아버지란…' 등의 집단의식은 체계 안에서 어느 정도 안정감을 주기도 합니다. 하지만 그와 동시에 과도한 책임감과 죄책감, 억압과 원망을 키워 내기도 하지요. 그렇기에 큰 문제 없이 살아가는 것처럼 보여도 내면에는 이유를 알 수 없는 공허와 우울이 자라날 수 있습니다.

우리는 어떻게 사랑하는지, 어떻게 나 자신을 믿는지를 끊임없이 배워 갑니다. 그 과정에 무엇보다 필요한 일은 무비판적으로 받아들였던 외부의 명령들에 대해 되묻는 것입니다. 사회 구조를 나 혼자 바꿀 순 없지만 내면화된 목소리는 해체할 수 있습니다. 그러면 삶은 조금 덜 무겁고 더 자유로워집니다.

Date   /   /   /

Today's Mood   ☺   ☻   ☹

✏️ Do It Yourself

내가 지금까지 무비판적으로 '원래 그런 거야'라고 여긴 규범은

📖 **Author's Profile**

글로리아 스타이넘(Gloria Steinem, 1934~) 미국의 페미니스트이자 평등운동가이다. 젠더에 관한 고정 관념과 사회 구조에 대한 비판적 담론을 주도했다. 현대 여성 운동의 아이콘으로 평가받는다.

DAY 060

잘 놀고 잘 배우는 여행

> Rock bottom became the solid foundation
> on which I rebuilt my life.
>
> 밑바닥을 친 그 순간이 내 삶을
> 다시 세운 단단한 기초가 됐다.

흔히 인생을 여행에 비유하곤 합니다. 우리는 모두 지구 별에 잠시 머무는 여행자이지요. 그 안에서도 또 여행을 떠납니다. 때로는 먼 길을 걷기도 하고, 이따금 짧은 나들이 같은 순간도 있습니다. 길을 나선 이상, 길을 잃지 않을 수는 없습니다. 그런데 요즘은 내비게이션이 있어 길을 잘못 드는 일조차 드물어졌지요. 삶의 낭만과 우연성, 그로 인한 깊이를 경험하기가 점점 어려워졌습니다. 우연히 마주친 풍경, 뜻밖에 만난 사람들, 예상치 못한 사건에서 느끼는 당황스러움. 그런 경험을 통해 우리는 삶의 불확실성과 가능성을 배웁니다. 그리고 그 과정에서 나는 어떤 사람인지, 어떻게 반응하고 대처하는지 더 잘 알게 됩니다. 특히 불확실한 상황에서는 더 흔들리고 주저앉기도 합니다. 하지만 그렇게 바닥에 닿았을 때 우리는 삶을 다시 바라보는 눈을 갖게 됩니다. 방향을 잃고 주저앉았던 그 자리가 다시 딛고 일어설 수 있는 단단한 바닥이 되어 줍니다.

Date   /   /   /
Today's Mood   ☺   😊   ☹

✎ **Do It Yourself**

삶이 여행이라면, 나는 지금

* 지금 당신은 어떤 자신을, 어떤 세상을 만나고 있나요?

📖 **Author's Profile**

J. K. 롤링(J. K. Rowling, 1965~) 영국의 소설가이다. 판타지 소설 『해리 포터』 시리즈의 저자로 마법의 세계에서 펼쳐지는 인간의 성장, 운명적 선택, 윤리적 갈등 등을 깊이 있게 그렸다.

CHAPTER 4

타인과 함께 살아가는 힘 키우기

타인과의 관계 속에서 나를 잃지 않고,

상대방을 존중해 주는 방법을 찾아 보세요.

DAY 061

불완전한 존재들의 공존

We are born in relationship, we are wounded in relationship,
and we can be healed in relationship.

우리는 관계 속에서 태어나고, 관계 안에서 상처받고,
관계를 통해 치유될 수 있다.

상처는 사람에게 받는 것처럼 치유 역시 그렇습니다. 사람에게서 받은 상처는 사람을 통해서만 회복되지요. 아무리 자기이해가 깊어도, 타인과의 관계 안에서 다시 신뢰를 쌓고 연결되는 경험이 없다면 회복에 한계가 있습니다. 인간은 타자와의 관계에서 완성되는 존재이기 때문입니다.

때로는 상처가 너무 커 관계 자체를 끊고 싶을 때도 있습니다. 실제로 단절을 선택하기도 하지요. 물론 이런 과정이 필요할 수 있습니다. 관계에서 벗어나 자신을 돌아보고 감정을 정리하는 시간을 가질 수 있으니까요. 다만 그 시간이 너무 길어지지 않기를 바랍니다. 나의 이야기를 다시 쓸 기회를, 누군가와 마음을 나눌 가능성을 포기하지는 마세요. 회복이 꼭 일대일의 관계로만 가능한 것은 아닙니다. 때로는 마음 공부를 하는 모임에서도, 서로를 지지하고 공감하는 공동체 안에서도 회복의 문은 열릴 수 있습니다.

Date   /   /

Today's Mood   🙂 😐 🙁

✏️ **Do It Yourself**

요즘 나에게 가장 힘이 되는 관계는

📖 **Author's Profile**

하빌 헨드릭스(Harville Hendrix, 1935~) 미국의 심리치료사이자 작가이다. 아내 헬렌 라켈리 헌트(Helen LaKelly Hunt)와 함께 '이마고 관계 치료법(Imago Relationship Therapy)'을 개발했다.

DAY 062 ‖ 상처받은 존재로만 머물지 않기

> **To feel the love of people whom we love is a fire that feeds our life.**
> 우리가 사랑하는 이들의 사랑을 느끼는 것은
> 우리 삶을 지탱하는 불꽃이다.

사랑은 상대에게 나를 열어 보이는 일입니다. 사랑을 받아들이는 것도 마찬가지이지요. 그런데 자기방어가 강하다면 사랑을 느끼는 것이 오히려 위험하다고 판단하기도 합니다. 상대의 애정이 진심일 리 없다고 의심하거나, 사랑은 잠시뿐일 거라고 경계하면서요. 만약 사랑받는 순간에 두려움이나 경계심이 생긴다면 심호흡을 하며 이렇게 말해 보세요. "이 순간, 아무 일도 일어나지 않고 있어. 나는 안전해." 이런 자각은 사랑을 담는 마음 공간을 넓혀 줍니다.

사랑이 두려운 것은 사랑받고도 다치거나 사랑에 실망했던 기억 때문일 수 있어요. 하지만 사랑이 늘 같은 얼굴로 다가오는 것은 아닙니다. 조심스럽게, 천천히, 내 안의 사랑을 허락해 보세요. 나는 사랑받을 가치가 있습니다. 타인의 사랑, 공감, 위로를 있는 그대로 받아들여도 괜찮습니다. 그 마음 앞에 기뻐하고 감사해도 됩니다.

Date   /   /

Today's Mood   :)   :)   :(

✏️ Do It Yourself

내가 사랑하기를 두려워했던 이유는

내가 사랑받기를 두려워했던 이유는

📖 Author's Profile

파블로 네루다(Pablo Neruda, 1904~1973) 칠레의 시인이자 외교관이다. 깊은 감성과 정치적 목소리를 동시에 담은 시로 세계적인 사랑을 받았다. 1971년 노벨문학상을 수상했다.

DAY 063

마음을 건네는 것의 의미

傷人莫深於無言。
상인막심어무언。
사람을 상하게 하는 데 침묵보다 더 깊은 것은 없다.

한 사람과의 만남은 곧 그의 온 생애를 목격하는 것과 같습니다. 지금 마주하고 있는 나와 그 사람은 서로의 역사를 읽게 됩니다. 둘이 대화를 나눈다는 것은 서로의 숨을 교환하는 일이기도 하지요. 결국 타인에게 어떤 감정을 느끼고 표현하는 것은 내 영혼을 드러내는 일입니다.

생과 혼을 나누는 만남. 그러니 그 어떤 만남을 허투루 할 수 있을까요. 미운 사람이든 고운 사람이든 마찬가지입니다. 영혼을 열었는데 응답이 없을 때 그 침묵과 외면은 마음을 무너뜨립니다. 따라서 타인과의 만남은 언제나 상처받을 수 있으며 그 점을 감수해야 합니다. 그렇기에 만남은 용기를 요구하지요.

내가 내 존재를 걸고 세상에 말을 걸듯이 남도 나에게 말을 걸어올 때 자기 세상을 겁니다. 누군가의 세상이 열리고, 영혼이 다가오는 순간을 놓치지 않는 것. 우리가 서로를 살릴 수 있는 가장 인간적인 방식이 아닐까요?

Date   /   /   /

Today's Mood   ☺ 😐 ☹

✏️ **Do It Yourself**

최근에 누군가와 깊은 대화를 나누었을 때, 나의 감정은

* 그 감정은 어떤 욕구와 연결되어 있었나요?

📖 **Author's Profile**

홍자성(洪自誠, 생몰년 미상) 명말(明末) 시기의 문인이다. 대표 저서로는 유교·불교·도교 사상을 아우르며 인간관계와 마음 공부에 대한 격언을 모은 『채근담』이 있다.

DAY 064 　　　　　　　　사랑할 때 알게 되는 나

My feelings will not be repressed.
You must allow me to tell you
how ardently I admire and love you.

제 감정을 억누르지 않을 거예요.
제가 당신을 얼마나 열렬히 존경하고 사랑하는지 꼭 말하게 해 주세요.

돌아보면 사랑받았던 순간보다 사랑하고 있는 나의 모습이 더 선명하게 기억날 때가 있습니다. 어떤 사람을 향해 움직이는 마음, 그 감정은 쉽게 억눌러지지 않습니다. 말하고 싶고, 보여 주고 싶고, 건네고 싶어집니다.

사랑을 표현한다는 것은 용기 있는 일에 그치지 않습니다. 내 마음에 진실하게 머무는 것이고, 그 마음을 누군가에게 기꺼이 보내는 행위입니다. 어쩌면 우리는 다른 누군가를 통해서가 아니라 누군가를 사랑하는 자신을 통해 내가 어떤 사람인지 더 뚜렷이 알게 되는 것 같습니다. 무엇에 반응하고 어디에 머무르고 싶은지를 깨닫게 되는 것이지요.

결국 '사랑'이란 타인을 향하면서 그와 동시에 나 자신을 다시 발견하는 영혼의 거울일지도 모릅니다.

Date   /   /

Today's Mood   :) :| :(

✏️ Do It Yourself

최근에 누군가를 사랑한 적은

* 당신은 사랑할 때 어떤 사람이 되나요?

📖 Author's Profile

제인 오스틴(Jane Austen, 1775~1817) 영국의 소설가이다. 영국인이 가장 사랑하는 소설가 중 한 명으로 『노생거 사원』, 『오만과 편견』, 『맨스필드 파크』 등이 대표작이다.

DAY 065

두려움에 가로막힌 사랑

> Your task is not to seek for love, but merely to seek and find all the barriers within yourself that you have built against it.
>
> 그대의 과업은 사랑을 구하는 데 있지 않고,
> 그대 스스로 지어 올린 장벽들을 찾고 발견하는 데 있다.

'나는 혼자야'라는 마음은 어쩌면 상처받았던 경험에서 비롯됐을지도 모릅니다. 반복된 경험은 하나의 믿음이 되고, 그 믿음은 점차 세상 전체에 대한 인식으로 굳어집니다. 그런 인식을 오랫동안 품다 보면 진짜로 누구도 나를 이해하지 못한다고 생각하게 되지요.

이런 경우 생각과 현실을 구분하는 연습이 필요합니다. 스스로에게 물어보세요. '정말로 아무도 나를 이해하지 못한다고 단정할 수 있을까?' 한 걸음 물러나면 생각이 유연해집니다. 내 '해석'이 꼭 '사실'은 아님을 깨닫는 것입니다.

사랑이나 연결에 대한 기대를 포기한 듯 보이는 사람들도 실은 그리움을 안고 살아갑니다. 사랑을 가로막는 것은 타인이 아니라 내 안의 두려움, 수치심, 상처에 대한 불안일 수 있어요. 그 감정을 들여다보는 일이 중요합니다. 이해받지 못한 것이 아니라 이해받기 두려웠던 것인지도 모릅니다.

Date   /   /

Today's Mood   ☺ ☻ ☹

✏️ Do It Yourself

내가 주로 사람들과 거리를 두고 싶어지는 때는

📖 Author's Profile

루미(Rumi, 1207~1273) 페르시아의 신비주의 시인이자 수피즘 철학자이다. 내면의 고통과 신성한 사랑을 시로 표현했다. 13세기의 위대한 영적 스승으로서 서구권에서는 시성(詩聖)으로 꼽힌다.

DAY 066

'혼자'는 선택, '함께'는 필수

No man is an island, entire of itself;
every man is a piece of the continent, a part of the main.

어떤 사람도 그 자체로 완전한 섬이 아니다.
누구나 대륙의 한 조각이며 전체의 일부이다.

살다 보면 누구와도 엮이고 싶지 않을 때가 있습니다. 타인의 기대나 실망 앞에서 마음은 자연스럽게 벽을 만듭니다. 때로는 고립이 편할 때도 있지요. 하지만 우리는 결코 혼자인 존재로 설계되지 않았습니다. 사람은 관계 속에서 존재를 확인합니다. 좋을 때뿐 아니라 갈등할 때조차 우리는 '연결되어 있음'을 경험합니다. 연결은 때로 피곤하지만 고립은 마음을 병들게 합니다.

타인에게 완벽하게 이해받으려는 마음부터 내려놓아야 합니다. '동일함'으로 연결되는 편안함도 좋지만, '다름'을 견디는 연결은 더 힘이 셉니다. 타인과의 연결은 나를 무너뜨리지 않고 나를 더 명확하게 드러냅니다.

오늘 가장 가까운 사람을 내가 어떤 마음으로 대하고 있는지 돌아보면 어떨까요. 그 안에 나 자신을 존중하는 방식이 숨어 있을지도 모릅니다.

Date   /   /

Today's Mood   😊 😐 ☹️

✏️ Do It Yourself

최근에 고립감을 느낀 순간은

* 그때의 나에게 어떤 말을 건네고 싶나요?

📖 **Author's Profile**

존 던(John Donne, 1572~1631) 영국의 시인이자 성직자이다. 역설과 말장난을 이용한 글을 주로 썼으며, 사망할 때까지 세인트 폴 대성당의 주임 사제로 생활했다.

DAY 067

동행, 좋은 벗 되기

We're all just walking each other home.
우리는 모두 각자의 집으로 가는 길을 함께 걷는 존재이다.

집 근처 시장통에서 오랜만에 이웃 할머니를 마주쳤습니다. 장바구니를 든 채 조심조심 걸음을 떼고 계셨어요. "할머니, 안녕하세요." 하고 인사를 건네며 슬그머니 장바구니를 들어 드렸습니다. "아유, 나는 천천히 갈 테니 얼른 가요." 할머니는 손사래를 치며 사양하셨지만, 그래도 할머니 곁에서 나란히 걸었습니다. 익숙한 길도 속도가 달라지니 보이지 않던 것들이 보였습니다. 그렇게 별말 없이 함께 걷다가 집 앞에 다다랐을 때 할머니가 조용히 말씀하셨습니다. "고마워요. 내 걸음에 맞춰 줘서." 그 말이 괜히 마음에 오래 남았습니다.

동행은 때로 내 걸음을 늦추어 그 사람의 속도에 맞추는 일이기도 하다는 것을 배웠습니다. 저마다의 길을 가는 사람들이 잠시 나란히 머무는 장면. 그런 장면들이 모여 각자에게 '나의 인생 이야기'가 되는구나 싶었습니다. 그리고 그 이야기에 '너'라는 존재가 빠질 수 없다는 것도요.

Date　　　/　　　/　　　/

Today's Mood　　😊　😌　☹️

✏️ Do It Yourself

나와 속도를 맞추어 '함께 걷는 사람'은

* 당신과 함께 걷는 이는 어떤 사람인가요?

📖 Author's Profile

람 다스(Ram Dass, 1931~2019) 미국의 심리학자이자 영성지도자이다. 하버드대학교 심리학과 조교수 출신으로 인간의 내면 변화와 영적 여정을 주제로 강의 및 저술 활동을 펼쳤다.

| DAY 068 | 당신도 나도 어쩌면 힘들었을 테니까 |

Be kind, for everyone you meet is fighting a hard battle.
친절하라, 당신이 만나는 모든 사람은 힘겨운 싸움을 하고 있으니.

'나도 힘든데 왜 저 사람까지 신경 써야 해?' 이런 마음이 들 때가 있습니다. 정서적 에너지가 바닥났거나, 감정적 접촉이 무의식적으로 위험하게 느껴지기 때문이지요. 사실 친절은 마음의 여유가 있어야 가능한 꽤 능동적인 행위입니다. 만약 타인에게 다정하기 어렵다면 당신이 나쁜 사람이어서가 아닐 겁니다. 그것은 지금 내면의 에너지가 소진됐다는 신호일 수 있어요. 먼저 나를 돌보고 회복해야 해요. 그래야 마음에 틈이 생기고 진심으로 따뜻해질 수 있습니다.

마음에 여유가 조금이라도 생긴다면 타인을 친절히 대해 보세요. 연구에 따르면 친절한 행동은 스트레스를 줄이고 긍정 정서를 강화하며 자기효능감을 높여 줍니다. 따뜻함은 그저 남에게 좋은 일이 아니라 나에게도 이로운 선택입니다. 우리는 타인의 말투나 표정 뒤에 어떤 하루가 있었는지 알 수 없습니다. 그렇기에 다정함을 택하려는 노력이 필요합니다.

Date　　　　/　　　/　　　/
Today's Mood　　😊　😐　☹️

✏️ **Do It Yourself**

내가 누군가에게 마지막으로 다정하게 말한 순간은

📖 **Author's Profile**

이안 맥라렌(Ian Maclaren, 1850~1907) 본명은 존 왓슨(John Watson)으로 스코틀랜드의 신학자이자 작가이다. 인간의 내면적 고통에 대한 깊은 이해와 연민을 언어화했다.

DAY 069 좋은 하루엔 좋은 사람이 있다는 공식

The good life is built with good relationships.
좋은 삶은 좋은 관계로 만들어진다.

공부는 재미없지만 친구를 좋아해 학교에 가는 것이 즐겁다는 아이가 있습니다. 어떤 어른은 일이 적성에 맞지만 사람들과의 갈등이 힘들어 회사를 떠날까 고민합니다. 이렇듯 삶의 만족도는 관계에서 비롯되는 경우가 많습니다.

내 이야기를 마음으로 들어 주는 누군가가 있다는 것, 있는 그대로의 나를 소중히 여겨 주는 사람이 존재한다는 것은 생각보다 큰 위안과 안정감을 줍니다. 때로는 함께 있어도 외로운 순간이 찾아오지요. 그것은 아마도 겉도는 느낌 때문일 것입니다. 결국 같이 있는 시간보다 연결의 밀도가 중요합니다.

'좋은 삶'이란 그리 거창하지 않습니다. 마음을 나눌 수 있는 사람과 도란도란 하루를 이야기하는 것, 그 안에서 서로를 위로하고 도닥이며 '함께함'의 경험을 쌓아 가는 것. 이런 평범한 순간들이 우리를 살아가게 만듭니다.

Date   /   /   /

Today's Mood   😊   😌   😟

✏️ **Do It Yourself**

요즘 가장 편안함을 느끼는 관계는

📖 **Author's Profile**

로버트 J. 왈딩거(Robert J. Waldinger, 1951~) 미국의 정신의학과 의사이자 하버드대학교 의학대학 교수이다. '하버드 성인발달연구(Harvard Study of Adult Development)'의 책임자로 있다.

DAY 070

좋은 친구, 좋은 대화의 조건

True happiness is of a retired nature,
and an enemy to pomp and noise;
it arises, in the first place, from the enjoyment of one's self,
and, in the next, from the friendship
and conversation of a few select companions.

진정한 행복은 은둔적이며, 화려함과 소란을 싫어한다.
참된 행복은 자기 자신을 향유하는 데서 시작되고,
몇몇 선택된 벗들과의 우정과 대화 속에서 피어난다.

Date   /   /   /

Today's Mood   🙂 😉 🙁

Author's Profile

조지프 애디슨(Joseph Addison, 1672~1719) 영국의 수필가이자 정치인이며 계몽주의 시대를 대표하는 지식인이다. 『The Spectator』를 통해 인간 본성과 사회적 삶에 대한 통찰을 보여 주었다.

친구에게 울적한 마음을 털어놓다 나도 모르게 울컥할 때가 있습니다. 이야기를 하다 보면 복잡했던 생각이 정리되기도 하지요. 이렇듯 안전한 관계 안에서 나누는 진솔한 대화는 감정 정화와 자기이해에 도움이 됩니다. 즉, 함께여야 가능하지요. 그럼 더 '좋은 대화' 방법을 알아볼까요?

솔직하게 나누기, 판단 없이 들어 주기, 대화 안에 침묵을 허용하기. 이 세 가지는 편안한 대화를 위해 갖추어야 할 중요한 태도입니다. 여기에 덧붙여 자기성찰을 돕는 대화라면, 사과와 용서 때로 변명도 오갈 수 있는 대화라면, 우리는 훨씬 더 깊은 신뢰와 친밀감을 느낄 수 있습니다.

좋은 대화에는 그 자체로 치유와 회복의 힘이 있습니다. 물론 모든 사람과 이런 대화를 나누기는 어렵습니다. 꼭 그럴 필요도 없고요. 적어도 소중한 사람과는 이런 대화를 나누면 좋겠습니다.

✎ Do It Yourself

가장 기억에 남는 '좋은 대화'는

_____

_____

* 그 대화가 당신에게 오래 기억된 이유는 무엇인가요?

_____

_____

It is not how much we have,
but how much we enjoy,
that makes happiness.

행복을 만드는 것은
우리가 얼마나 많이 가지고 있느냐가 아니라
얼마나 많이 즐기느냐이다.

찰스 스퍼전(Charles Spurgeon)

DAY 071 조용히 무너지는 시간을 함께 견디기

Crying helps me slow down
and obsess over the weight of life's problems.
울음은 나를 차분하게 만들고 인생의 문제들을 곱씹게 한다.

말로는 다 담아내기 어려운 내면의 진실은 눈물로 흘러나옵니다. 눈물은 슬픔의 무게를 덜어 주고, 그 슬픔이 흘러나올 때 삶의 무게도 조금 가벼워집니다. 막혀 있던 감정이 흐르고 마음속 응어리가 풀리기 때문입니다.

우리는 슬픔과 눈물을 그렇게 흔쾌히 반기지 못합니다. 참거나 외면하려 하지요. 하지만 감정은 내가 이 세상을 어떻게 느끼고 살아가는지를 보여 주는 언어입니다. 그중에서도 슬픔은 가장 솔직한 표현이지요. 슬픔을 통해 우리는 무엇이 소중한지, 무엇을 잃고 싶지 않은지 알게 됩니다. 그렇게 드러난 울음은 자기를 깨뜨리는 표현인 동시에 삶을 향한 예의가 됩니다.

그러니 누구에게도 "울지 마"라고 쉽게 말하지 마세요. 감정의 시간을 온전히 통과하지 못하면 그 자리에 멈춰 버리게 됩니다. 누군가 자기의 생 앞에 조용히 고개를 숙이고 있다면, 그저 함께 있어 주세요.

Date   /   /   /

Today's Mood   ☺ 😐 ☹

✏️ **Do It Yourself**

슬퍼하는 사람 앞에서 내가 가장 어렵다고 느끼는 점은

* 그 어려움을 마주하지 않기 위해 당신은 어떤 방어를 할까요?

📖 **Author's Profile**

《인사이드 아웃》(2015) '디즈니·픽사'의 애니메이션이다. 사람의 감정 세계를 기발하게 다루어 수많은 이의 '인생 영화'로 불린다.

DAY 072

내가 아닌 너에게 향하는 마음

Attention is the rarest and purest form of generosity.
주의 깊게 바라보는 것은 가장 희귀하고 순수한 형태의 너그러움이다.

한 친구가 말합니다. "요즘 회사에서 계속 실수하는 것 같고, 자꾸 작아지는 느낌이야." 이 말을 들은 사람은 바로 이렇게 반응합니다. "너 정도면 잘하고 있는 거야. 누구나 그래. 너무 예민하게 생각하지 마." 분명 위로의 말이었지만 친구의 표정은 왠지 더 굳어집니다. 어쩌면 조언을 건넨 그 사람은 친구의 감정보다 '괜찮게 해 주려는 나'의 역할에 더 마음이 가 있었는지도 모릅니다.

반면 어떤 사람은 친구의 말에 곧장 반응하지 않고 그의 마음을 곰곰이 느껴 봅니다. 그리고 이렇게 말합니다. "진짜 힘들었겠다. 계속 긴장하고 있었겠네."

타인의 고통, 침묵, 존재 전체를 있는 그대로 바라보려는 노력을 해야겠습니다. 우리는 흔히 사랑을 말이나 행동으로 표현해야 한다고 생각합니다. 하지만 때로는 어떤 말보다 조용한 마음을 통해 더 진솔하게 전해지기도 합니다. 가만히 머무른 눈빛도 오래도록 남으니까요.

Date   /   /   /

Today's Mood   ☺   😐   ☹

✏️ **Do It Yourself**

누군가의 고통 앞에서 내가 너무 쉽게 꺼냈던 말은

* 그 말 대신 어떻게 마음을 표현하는 게 좋았을까요?

📖 Author's Profile

시몬 베유(Simone Weil, 1909~1943) 프랑스의 철학자이자 신비주의 사상가이다. 사회적 약자에 대한 감수성, 고통에 대한 예민한 인식이 돋보이는 글을 썼다.

DAY 073 | 경청은 나를 비움으로써 완성되는 것

> You cannot truly listen to anyone
> and do anything else at the same time.
>
> 다른 일을 하면서 누군가의 이야기를
> 진심으로 들을 수 없다.

'경청'이란 '나'가 아니라 '너'를 중심에 두는 일입니다. 내가 그 사람이 살아가는 세계로 들어가려는 시도이지요. 어떤 사람이(특별한 정서적 문제가 없는 선에서) 같은 이야기를 반복한다면, 그는 아직 충분히 '받아들여짐'을 느끼지 못했기 때문일 수 있습니다. 우리는 누군가가 내 이야기를 온전히 들어 주었다고 느낄 때 그 말을 반복해야 할 필요성을 서서히 잃게 됩니다. 내 '말'이 아니라 내 '존재'가 받아들여진 것을 본능적으로 알기 때문이지요.

경청의 중요성은 누구나 알고 있습니다. 하지만 실천이 어렵습니다. 실제로는 방어적으로 듣거나, 자기에게 필요한 말만 골라 듣거나, 자신의 경험에 비추어 상대의 말을 왜곡해서 듣는 경우가 많습니다. 진짜로 듣지 않고 그저 듣는 척을 할 뿐이지요. 그래서 어쩌면 우리는 귀를 두 개나 가지고 있는지도 모릅니다. 하나는 소리를 듣고, 하나는 진심을 듣기 위해서 말이에요.

Date   /   /

Today's Mood   ☺   😐   ☹

✏️ **Do It Yourself**

내가 경청이 잘 안될 때와 그 이유는

📖 **Author's Profile**

M. 스캇 펙(M. Scott Peck, 1936~2005) 미국의 정신과 의사이자 작가이다. 『아직도 가야 할 길』에서 고통과 책임 그리고 자기성장의 필연성을 강조했다.

DAY 074 나를 알아주는 존재가 있다는 것

Loneliness does not come from having no people about one,
but from being unable to communicate the things
that seem important to oneself, or from holding certain views
which others find inadmissible.

외로움은 곁에 아무도 없어서 생기는 것이 아니라,
자신에게 중요한 것들을 전달할 수 없거나,
다른 사람들이 받아들일 수 없는 특정한 관점을 가졌을 때 온다.

Date   /   /   /

Today's Mood   😊   😌   ☹

Author's Profile

카를 구스타프 융(Carl Gustav Jung, 1875~1961) 스위스의 정신과 의사이자 심리학자이다. 분석 심리학의 창시자로 심리학, 철학, 예술, 종교 분야에 깊은 영향을 끼쳤다.

SNS에 '좋아요' 수는 많지만 막상 전화를 걸 만한 사람이 떠오르지 않을 때가 있습니다. 생일 축하 메시지는 여러 통 받았지만 진심 어린 말 한마디가 더 그리운 순간도 있지요. 우리는 디지털 기술로 더 넓게 연결됐지만 감정의 교류는 오히려 얕아지거나 단절된 느낌이 커지고 있습니다. '연결되어 있으나 외로운' 역설이 생기는 이유입니다.

인간에게 외로움은 생존을 위한 심리적 알람입니다. 사회적 동물인 우리는 타인과 연결되어 있다는 신호를 받아야 뇌와 신체가 '안전하다'고 인식합니다. 누군가가 '나를 알아준다'는 감각만으로도 생존감은 회복되곤 합니다.

스스로를 돌보듯 서로를 살피는 마음도 함께 나눌 수 있다면 어떨까요. 외로움은 옆에 사람이 없어서라기보다 마음 곁에 마음이 닿지 않을 때 깊어지니까요. 그리고 그 연결은 아주 작은 관심에서 시작됩니다. "오늘 하루는 어땠어?"

✏️ **Do It Yourself**

최근에 누군가의 관심이 내 마음을 살린 순간은

_____

_____

_____

_____

_____

_____

Winning friends begins with friendliness.

친구를 얻는 것은 다정함에서 시작된다.

데일 카네기(Dale Carnegie)

DAY 075 혼자서는 살아갈 수 없는 세상

Man is by nature a social animal.

인간은 본성적으로 사회적 동물이다.

대부분의 포유류는 태어난 지 몇 분 만에 스스로 일어나 걷습니다. 두 발로 서기까지 1년가량 걸리는 생명체는 인간뿐이지요. 누군가의 손길 없이는 생명조차 유지할 수 없는 절대적인 의존성을 타고난 존재. 그래서 우리가 살아 있다는 것은 곧 반드시 우리에게 다른 존재의 손길이 있었다는 증거입니다. 어떤 사람들은 '나는 부모에게서 별로 받은 게 없다'는 생각을 할 수 있어요. 하지만 우리를 키운 것은 부모만이 아닙니다. 친절하게 말을 걸어 준 이웃, 조용히 곁에서 같이 걸어 준 친구, 예상치 못한 낯선 이의 다정한 시선. 모두가 나를 키운 사람들입니다. 어쩌면 나 역시 알게 모르게 누군가가 자라는 데 무언가를 주었을 것입니다.

서로가 서로에게 기대며 살아간다는 것을 잊지 않는다면 나의 작은 관심과 친절이 또 다른 누군가를 키울 수 있습니다. 그렇게 우리는 함께 성장합니다.

Date   /   /

Today's Mood   ☺ ☹ ☹

✏️ Do It Yourself

내가 받은 최고의 친절은

내가 타인에게 준 최고의 다정함은

📖 Author's Profile

아리스토텔레스(Aristoteles, 기원전 384~322) 고대 그리스에서 활동한 철학자. 스승 플라톤(Platon)과 함께 서양 철학사에서 가장 핵심적인 위치를 차지하는 위인이다.

DAY 076

분노는 외로움의 또 다른 얼굴

A child who is not embraced by the village
will burn it down to feel its warmth.

마을의 따뜻한 품에 안기지 못한 아이는,
그 따뜻함을 느끼기 위해 마을을 불태울 수도 있다.

공감받지 못한 고통은 때로 공격적인 에너지로 분출됩니다. 도움을 절실히 원했던 사람이 끝내 도움을 받지 못하면 그 분노는 자기 자신이나 타인을 향해 터져 버릴 수 있지요. 그래서 소외된 사람의 분노에는 어느 정도 집단의 책임이 있습니다. 모두가 입을 모아 '문제'라고 말하는 한 사람의 분노를 확인해 보면 그것은 모두가 회피했던 문제인 경우가 많습니다.

'정상적인 방식'으로 관계를 만들 수 없다고 느낀 사람이 택하는 '비정상적인 방식'. 그 방식이 다소 서툴고 파괴적일지라도 기저에는 연결을 원하는 마음이 깔려 있습니다. 함께 살아간다는 것은 인정받지 못한 주체의 목소리를 더 일찍 알아채는 일도 포함됩니다. 분노를 탓하기 전에 그가 얼마나 외로웠는지를 먼저 물어보면 좋겠습니다.

Date   /   /   /
Today's Mood 🙂 😊 ☹️

✏️ Do It Yourself

지금 내 주변에서 자꾸 '문제'로 보이는 사람은

* 혹시 그 사람이 미처 말하지 못한 '도움 요청'은 없었을까요?

📖 Author's Profile

작자 미상 심리 회복을 위한 온라인 커뮤니티 및 저널에서 널리 회자되는 문장이다.

DAY 077

주의! 나는 잘못 알 수 있음

Prejudice is a burden that confuses the past,
threatens the future, and renders the present inaccessible.

편견은 과거를 왜곡하고, 미래를 위협하며
현재를 보지 못하게 만드는 짐이다.

우리는 타인을 잘 알지 못할 뿐 아니라 타인에 대해 잘못 알고 있는 경우도 많습니다. 나와 다르다는 이유로 상대를 이해하지 못하고, 때로는 거리감을 느끼거나 심지어 혐오하기도 합니다. 대부분은 자신의 한정된 경험과 고정된 신념에 비추어 타인을 재단하기 때문입니다.

'저 사람은 원래 저래' '그런 부류는 다 그렇지' 같은 생각은 '단정된 앎'에서 비롯됩니다. 이런 태도는 지금 눈앞에 있는 사람조차 제대로 바라보지 못하게 만듭니다. 열린 태도가 부족하면 편견은 피할 수 없습니다. 우리에게는 새로운 정보를 받아들일 때도 기존 신념을 뒷받침하는 방식으로 해석하려는 '확증 편향'까지 있으니까요. 늘 차갑다고 생각했던 동료가 어느 날 따뜻한 말을 건넨다고 상상해 보세요. 그러면 그동안 나는 내 안에 만들어 놓은 '타인의 이미지'와 관계를 맺고 있었다는 걸 알아차릴 겁니다.

Date   /   /   /

Today's Mood   ☺   😐   ☹

✏️ **Do It Yourself**

내가 타인이나 세상에 가진 편견이나 고정 관념은

📖 **Author's Profile**

마야 앤절로(Maya Angelou, 1928~2014) 미국의 시인이자 인권운동가이다. 자전적 성격의 『새장에 갇힌 새가 왜 노래하는지 나는 아네』에서 흑인 여성의 삶과 정체성을 시적 언어로 풀어 냈다.

DAY 078

'나-그들' 구조에서 '나-너'의 관계로

> Your presence is the most precious gift
> you can give to another human being.
> 당신의 존재는 다른 이에게 줄 수 있는 가장 소중한 선물이다.

우리는 약자나 소외된 사람을 "도와준다"고 합니다. 이런 생각은 타인을 '도움이 필요한 어떤 문제가 있는 존재'로 고정할 우려가 있습니다. 물론 돕는 행위는 선하고 좋은 일이지요. 하지만 우월감이 내재된 '주는 자-받는 자'의 구도는 '나-너'의 관계가 아닌 '나-그들'의 구도를 만들어 냅니다. 그러면 '너'를 작게 만들고 '나'를 높일 가능성이 커집니다. 특히 상대를 '개선해야 할 대상'으로 본다면 관계는 더 위계적으로 기울어질 수밖에 없습니다.

도움이 과잉되면 상대는 나의 '과제'가 되고 맙니다. 게다가 '해결사'나 '구원자'는 무의식적으로 그 역할을 통해 자기존재감을 확보하거나 내 불안을 해소하려는 것입니다. 도움이 되려 하면 문제가 보이고, 함께 있으려 하면 사람이 보입니다. '나'와 '너'가 함께하는 '우리'라면 좋겠습니다. 그저 같이 이야기하고, 같이 놀고, 같이 나누어 먹는 우리 말이지요.

| Date | / | / | / |

Today's Mood ☺ 😊 ☹

✏️ **Do It Yourself**

솔직히 내가 타인보다 낫다고 생각하는 점 세 가지는

📖 **Author's Profile**

마셜 B. 로젠버그(Marshall B. Rosenberg, 1934~2015) 미국의 심리학자이자 '비폭력 대화'의 창시자이다. 『비폭력 대화』 등 공감적 소통에 관한 다수의 책을 집필했다.

DAY 079

같은 비에 단지 덜 젖었을 뿐

> No great credit to me. I just was lucky at birth.
> I shouldn't delude myself into thinking
> I'm some superior individual because of that.
>
> 내게 큰 공로는 없다. 나는 단지 태어날 때 운이 좋았을 뿐이다.
> 그것 때문에 내가 우월한 개인이라고 착각해서는 안 된다.

소외되거나 열악한 환경에 놓인 사람들이 고통받는 이유는 대부분 그들의 잘못이 아닙니다. 대체로 사회 구조와 우연 속에 자리한 삶의 조건 때문입니다. 반대로 우리가 비교적 안정된 삶을 누리는 것도 거의 운에 기대어 있지요. 태어난 나라, 부모, 교육과 양육 환경 그리고 그것들이 형성한 내면의 자원까지. 내 힘만으로 이룬 것은 드뭅니다. 이런 사실을 이해할수록 어쩐지 '나'라고 내세울 것이 별로 없는 듯합니다. '잘 살고 있다'는 느낌 뒤에는 거저 얻은 것이나 다름없는, 내가 통제할 수 없었던 수많은 변수가 겹겹이 쌓여 있으니까요.

그래서 타인의 불행을 함부로 판단할 수 없습니다. 자신보다 어려운 처지에 있는 사람을 마주할 때 '나는 괜찮은 사람이니까 이만큼 사는 거야'라는 식으로 믿고 싶을지도 모릅니다. 하지만 나는 그저 조금 덜 흔들렸고, 조금 덜 부서졌을 뿐입니다. 많은 부분에서 운이 좋았으니까요.

Date　　　　／　　／　　／

Today's Mood　　😊　😐　☹️

✏️ **Do It Yourself**

나는 타인의 고통을 '개인의 책임'으로만 여긴 적이 있었다.

돌이키면 그것은

📖 **Author's Profile**

워런 버핏(Warren Buffett, 1930~) 미국의 기업가이자 투자가이며 자선사업가로서, '오마하의 현인'으로 불린다. '버크셔 해서웨이'의 CEO 겸 회장이자 최대 주주이다.

DAY 080

지성과 도덕의 원 안으로

True solidarity is found only in the plenitude of this act of love,
in its existentiality, in its praxis.

진정한 연대는 오직 이 사랑의 행위가 지닌 충만함에서,
그 실존성에서, 그 실천에서만 발견된다.

도움은 바깥에서 건네는 손길이고, 연대는 그 안으로 들어가는 마음입니다. 도움은 내가 덜어 낼 수 있는 걸 주는 것이고, 연대는 내게 소중한 걸 내어 주는 일이지요. 연대는 '착한 나'를 드러내기 위한 행동도 아니고 여유가 있을 때만 선택하는 일도 아닙니다. 내 삶의 영역 안에 타인을 정중히 받아들이고 고통에 적극적으로 응답하는 윤리적 태도입니다.

철학자 악셀 호네트(Axel Honneth)는 인간에게 필요한 세 가지 인정욕구를 말합니다. 그중 '사회적 가치를 공유(solidarity, 연대)' 하고자 하는 욕구가 충족될 때 느끼는 자부심에 대해 알려 줍니다. '자부심'이란 내가 가치 있다고 믿는 일을 뜻이 맞는 사람들과 함께할 때의 만족감입니다. 또한 '나'라는 존재가 세상에 무엇인가를 기여하고 있다는 기쁨이기도 하지요. 우리는 그런 자부심을 얼마나 느끼며 살아가고 있을까요?

Date　　/　　/　　/
Today's Mood　　☺　☺　☹

✏️ **Do It Yourself**

나에게 중요한 가치는

* 그 가치를 선택한 이유는 무엇이며, 그것을 사람들과 나누며 살고 있나요?

📖 **Author's Profile**

파울로 프레이리(Paulo Freire, 1921~1997) 브라질의 교육학자이자 비판적 교육학의 창시자이다. 문맹 퇴치와 사회 참여를 연결한 독창적 교육 철학을 발전시켰다. 『페다고지』를 집필했다.

CHAPTER 5
자기용서와 자기돌봄

스스로 상처 내는 일은 멈추세요.
이제는 나를 안아 주고 돌봐야 할 때입니다.

| DAY 081 | 내 중심을 회복하기 |

Self-care is how you take your power back.
자기돌봄은 당신의 힘을 되찾는 방법이다.

내 힘을 제대로 쓰지 못하면 어떤 일이 벌어질까요? 타인에게 쉽게 휘둘리고 경계선을 지키지 못합니다. 거절하지 못해 관계에서 지치고, 감당하지 않아도 될 일까지 떠안게 되지요. 타인의 시선을 과도하게 신경 쓰고 기대에 부응하지 못하면 죄책감이 밀려옵니다. 긴장과 스트레스로 힘들어도 자신에게는 휴식을 허락하지 못합니다. 바로 힘을 잃은 상태의 전형적인 모습들이지요.

자기돌봄은 내 호흡, 내 걸음, 내 리듬대로 살아가는 일입니다. 본래 내 안에 있던 감각을 다시 느끼는 일. 그러니 새로운 무엇인가를 해야 하는 것이 아니라, 잃어버렸던 나를 되찾기만 하면 됩니다. 막막하게 느껴질 수 있지만 방향은 아주 단순합니다. 지나치게 '남'에게 맞추어 살아온 초점을 '나'에게로 돌리는 것. 나에게로 돌아오는 것, 그것이 곧 내 힘을 회복하는 길입니다.

Date　　/　　/

Today's Mood　　☺　☺　☹

✏️ **Do It Yourself**

최근에 내가 나를 돌본 방식은

📖 **Author's Profile**

레일라 델리아(Lalah Delia, 출생 연도 미공개) 미국의 작가이자 영성지도자이다. 자기돌봄, 의식의 성장에 대한 글을 통해 이름을 알렸다. 대표작은 『Vibrate Higher Daily: Live Your Power』이다.

DAY 082

부탁할 수 있어야 거절할 수 있는 법

No is a complete sentence and so often we forget that.
When we don't want to do something
we can simply smile and say no.
We don't have to explain ourselves,
we can just say "No."

'아니요'는 완전한 문장이고, 우리는 이를 너무 자주 잊는다.
하고 싶지 않은 일이 있을 때 우리는 그저 미소 짓고 '아니요'라고 말하면 된다.
우리는 우리 자신을 설명할 필요가 없으며,
그저 "아니요."라고 말하면 된다.

Date   /   /   /

Today's Mood   😊 😌 ☹

Author's Profile

수전 그레그(Susan Gregg, 출생 연도 미공개) 미국의 작가이자 영성지도자이다. 한때 우울증을 앓았으나 물리적, 초월적 현실의 본질을 탐구하여 내면의 평화에 관한 강의를 하고 있다.

내 삶의 주인으로 살고 싶다면 거절은 꼭 익혀야 할 기술입니다. 거절이 힘든 사람은 부탁도 잘하지 못합니다. 그래서 거절 훈련의 시작으로 '부탁하기'를 권합니다. 하루 한 번 사소한 부탁을 해 보세요. "오는 길에 커피 좀 사다 줄 수 있어?" "이건 나 혼자 하기 힘든데, 도와줄 수 있나요?"

거절할 수 있으려면 다른 사람에게 기댄 경험이 필요합니다. 나의 부족함이나 두려움을 인정하고 도움을 청할 수 있어야 하지요. 그 과정에서 쌓인 신뢰와 연결감이 거절을 훨씬 덜 두렵게 만듭니다. 이 훈련의 핵심은 거절을 당해 보는 데 있습니다. 아마 대부분의 사람들은 당신의 부탁을 들어줄 가능성이 클 테니 여러 번 반복해 보세요. 그리고 기억하세요. 거절당한다고 해서 내 존재가 거부당하는 것이 아니듯, 내가 거절한다고 해서 그를 외면하는 것도 아닙니다. 이 사실을 스스로가 먼저 믿어야 합니다.

✎ Do It Yourself

최근에 누군가에게 했던 부탁은

....

....

최근에 누군가에게 했던 거절은

....

....

*The difference between successful people
and really successful people is that really successful people
say no to almost everything.*

성공한 사람과 진정으로 성공한 사람의 차이는
진정으로 성공한 사람은 거의 모든 것에
'아니오'라고 말한다는 것이다.

워런 버핏(Warren Buffett)

DAY 083

누가 뭐래도 내 편이 되기

To love oneself is the beginning of a lifelong romance.

나 자신을 사랑하는 법을 배우는 것이야말로
인생에서 가장 중요한 일이다.

"나를 사랑하라는데, 도대체 어떻게 하라는 거죠?" 이런 질문을 종종 받습니다. 그럴 때는 이렇게 되묻곤 합니다. "당신은 어떤 사랑을 받고 싶은가요?" 그러면 열에 아홉은 이렇게 말하지요. "나를 함부로 판단하지 않고 있는 그대로 받아들여 주면 좋겠어요." 그렇습니다. 우리 자신에게 그렇게 해 주는 것, 그게 바로 자기사랑입니다.

자기사랑은 거창한 것이 아니에요. 실수한 나를 무시하지 않기, 더 잘하라고 다그치지 않기, 지칠 때 쉬어 가기, 내 감정을 존중하기. 이런 선택들이 쌓이면 내면의 뱃심이 두둑해집니다. 사랑받는 아이가 위축되지 않고 당당하며, 호기심이 많고 자유로운 것처럼 말이지요.

"나는 나를 사랑하기로 선택합니다." 바로 지금 선택할 수 있어요. 자기 자신을 사랑하는 사람은 가끔 휘청거릴 순 있어도 결코 무너지지는 않습니다.

Date　　　　/　　　/　　　/
Today's Mood

✏️ Do It Yourself

내가 누군가에게 받고 싶은 사랑의 방식은

* 그 사랑을 당신 자신에게도 줄 수 있나요?

📖 Author's Profile

오스카 와일드(Oscar Wilde, 1854~1900) 아일랜드 출신의 극작가이자 소설가이다. 예술성 높은 문장으로 인간의 욕망과 사회를 풍자했다. 대표작으로는 『도리언 그레이의 초상』 등이 있다.

DAY 084 | 세상에서 가장 가까운, 믿을 만한 사람

The reason I talk to myself is because
I'm the only one whose answers I accept.

내가 혼잣말하는 이유는
내 대답을 받아들이는 유일한 사람이 나이기 때문이다.

내가 원할 때마다 기꺼이 이야기를 들어 줄 사람, 내가 듣고 싶은 그 말을 건네줄 사람은 누구일까요? 나 자신밖에 없습니다. 내가 팥으로 메주를 쑨대도 믿어 줄 사람, 겉으로는 아무렇지 않은 척 웃고 있지만 속으로는 울고 있다는 걸 가장 먼저 알아차리는 사람 역시 나입니다. 나는 나에게 세상에서 가장 든든하고 안전한 존재입니다. 나는 늘 나와 함께 있었고, 태어나서 지금까지 단 한순간도 나를 떠난 적이 없습니다.

긍정적인 '내면 대화(inner dialogue)'는 정서적 안정에 큰 영향을 줍니다. 내면의 대화가 비난과 의심으로 가득 차 있다면 타인에게 들은 모진 말보다 더 깊은 상처가 될 수 있어요. 그러니 나에 관하여 더 많은 이야기를 나에게 들려주세요. 그리고 그 이야기를 경청한 후 따뜻하고 친절한 말을 들려주세요. "나는 너의 이야기를 듣는 게 좋아. 내게 말해 줘서 고마워."

Date   /   /

Today's Mood   ☺ 😐 ☹

✏️ Do It Yourself

내가 나에게 가장 자주 하는 말은

* 그 말이 당신을 지치게 하나요, 아니면 살게 하나요?

📖 Author's Profile

조지 칼린(George Carlin, 1937~2008) 미국의 전설적인 스탠드업 코미디언이자 사회풍자 작가이다. 철학적 통찰과 사회적 비판이 녹아든 깊이 있는 코미디로 평가받는다.

DAY 085

상처와 함께 머무는 법

> Our sorrows and wounds are healed only
> when we touch them with compassion.
>
> 우리의 슬픔과 상처는 연민으로 어루만질 때만 비로소 치유된다.

우리는 고통을 없애고 싶어 합니다. 하지만 진짜 치유는 고통을 직면하는 데서 시작됩니다. 그 고통과 함께 머무를 만한 힘을 기르는 것, 바로 그것이 치유입니다. 심리학자 크리스틴 네프(Kristin Neff)는 이 과정을 '자기연민'이라 부릅니다. 또한 자기연민을 세 가지 태도로 설명합니다. 첫째, '자기친절'은 부족한 자신을 비난하지 않고 이해하며 위로하는 마음입니다. 둘째, '인간 보편성'은 고통이 누구나 겪는 삶의 일부임을 아는 것입니다. 셋째, '마음 챙김'은 현재의 고통을 억누르거나 과장하지 않고 그대로 지켜보는 자세입니다.

이 세 가지 태도는 연약한 나를 끌어안게 하며 불완전한 삶을 피하지 않고 살아 내게 합니다. 고통을 없애려 애쓸수록 오히려 고통이 커지는데, 그 이유는 우리가 그것을 두려움의 대상으로 만들기 때문이지요. 그러니 이유 불문! 지금 이 순간만큼은 당신 자신을 따뜻하게 대해 주세요.

Date   /   /   /

Today's Mood   ☺ 😐 ☹

✏️ **Do It Yourself**

내가 나의 아픔을 다루는 방식은

* 상처를 소중한 친구처럼 대한다면 어떤 변화가 생길까요?

📖 Author's Profile

잭 콘필드(Jack Kornfield, 1945~) 미국의 임상심리학자이자 명상지도자이다. 불교 명상과 심리 치료의 통합을 이끌었다. 서구 사회에 불교 명상의 지혜를 전파하고 있다.

DAY 086

통과의 정석, 견디기

The best way out is always through.
가장 좋은 탈출 방법은 언제나 그 안을 통과하는 것이다.

우리는 점점 더 불편함을 견디지 못하는 시대에 살고 있습니다. 그 이유 중 하나는 불편한 감정을 '문제'로 여기는 인식 때문일지도 모릅니다. 마음이 괜찮지 않으면 어딘가 고장 난 것처럼 여기면서요. 하지만 삶은 좋은 기분만으로 살아갈 수는 없습니다. '감정 회복력'을 연구한 심리학자들은 힘든 감정을 얼마나 잘 견디는지가 삶의 만족도에 중요한 영향을 미친다고 합니다. 슬픔을 외면하지 않고, 불안을 덮지 않으며, 애매한 상태를 서둘러 판단하지 않는 태도가 오히려 마음을 더 단단하게 만듭니다.

때로는 듣기 싫은 말도 듣고, 속이 뒤틀리는 사람도 대해야 합니다. 불편함에 불평만 하는 건 어린아이의 내면과 같습니다. 힘들고 어려운 일이 빨리 해결되면 좋겠지만 인생은 해답을 쉽게 주지 않습니다. 이때 필요한 것이 바로 '견디는 힘'입니다. 불편함도 삶의 일부임을 받아들이면서요.

Date   /   /   /
Today's Mood   ☺   ☻   ☹

✏️ **Do It Yourself**

내가 힘든 순간을 대처하는 방식은

* 그 방식이 당신을 더 강하게 만드나요, 아니면 더 지치게 하나요?

📖 **Author's Profile**

로버트 프로스트(Robert Frost, 1874~1963) 미국의 시인이다. 자연과 일상을 소재로 인간 내면의 갈등이나 삶의 복잡성을 표현했다. 목가적인 분위기에 어두운 정서가 더해진 것이 특징이다.

DAY 087 ・ '지금'을 놓치지 않기

> Worry never robs tomorrow of its sorrow,
> it only saps today of its joy.
>
> 걱정은 내일의 슬픔을 덜어 주지 않는다.
> 그 대신 오늘의 기쁨만을 앗아간다.

우리는 왜 그렇게 걱정할까요? 혹시 모를 일에 대비하기 위해서일 수도 있고, 나쁜 일을 막기 위해서일 수도 있습니다. 그런데 사실 걱정해 봐야 별로 도움이 되지 않는다는 것을 알면서도 멈추지 못할 때가 많지요. 그것은 걱정하는 행위 자체가 '무엇인가를 하고 있다'는 착각을 일으키기 때문입니다. 넋을 놓고 있는 것보다 머리를 굴리는 편이 덜 불안하거든요.

더 놀라운 점은 대수롭지 않은 일에 매달리면서 정작 해야 하지만 하기 싫은 일을 회피할 수도 있다는 것입니다. 심리학에서는 이런 보상적인 과도한 걱정을 '정서적 회피 전략'이라고 합니다.

걱정에 빠져 있는 동안 우리는 현재를 잃어버립니다. 지금 누릴 수 있는 다채로운 감각, 사소하고 아름다운 일상, 내 옆에 있는 소중한 사람과의 시간을 놓치지 마세요. 내일의 슬픔은 내일 느끼면 됩니다.

Date   /   /   /
Today's Mood   ☺ ☺ ☹

✏️ **Do It Yourself**

지금 내가 가장 걱정하는 일은

* 그 걱정은 당신의 하루를 어떻게 바꿀까요?

📖 Author's Profile

레오 버스칼리아(Leo Buscaglia, 1924~1998) 미국의 교육학자이자 작가이다. '사랑의 철학자'로 불리며, 따뜻하고 실용적인 메시지를 전했다. 대표작은 『살며 사랑하며 배우며』이다.

| DAY 088 | 과거를 품고 현재를 사는 일 |

> Now is no time to think of what you do not have.
> Think of what you can do with what there is.
>
> 지금은 당신에게 없는 것을 생각할 때가 아니다.
> 당신이 가진 것으로 무엇을 할 수 있는지 생각해라.

뇌는 부족함을 먼저 감지하고 오래 기억하도록 작동합니다. 그래야 생존에 더 유리하니까요. 그러니 부족하다고 느끼거나 무언가 채우고 싶어져도 그 마음을 나무랄 필요는 없습니다. 다만 결핍에만 머물다 보면 생의 충만함이나 감사함을 느끼기 어려워지고 행복감도 점점 멀어질 수 있다는 것. 그 점은 기억해 두면 좋겠습니다. 행복은 특별한 조건이 아니라, 지금 이 순간 '나'로 자연스럽고 편안하게 존재할 때 느껴지는 감정입니다. 좋은 사람과 함께 맛있는 음식을 먹는 순간처럼 말이에요.

이미 사라진 것이나 내 통제를 벗어난 것은 이제 놓아주세요. 어릴 적에 공부를 잘했던 기억, 예전에 날씬했던 몸, 한때의 사랑, 함께였던 가족, 칭찬과 인정의 순간들. 이 모든 것은 지금의 나를 이루어 소중한 일부로 남아 있습니다. 하지만 앞으로의 나는 지금 이 순간을 어떻게 살아가느냐에 달려 있습니다.

Date   /   /   /

Today's Mood   ☺   🙂   ☹

✏️ **Do It Yourself**

지금 내 삶에서 '없어서 아쉬운 것'은

내가 감사할 수 있는 '지금 여기의 것'은

📖 **Author's Profile**

어니스트 헤밍웨이(Ernest Hemingway, 1899~1961) 1954년 노벨문학상을 수상한 미국의 소설가이다. 대표작은 『노인과 바다』, 『무기여 잘 있거라』 등이 있다.

DAY 089

나한테 할 짓, 나한테 못 할 짓

Nothing can bring you peace but yourself.
너 자신 외에는 아무도 평화를 가져다줄 수 없다.

나도 모르게 나에게 좋은 기회를 빼앗는 일은 생각보다 자주 일어납니다. 삶의 가능성을 조용히 차단하는 순간이지요. 몇 가지 예시를 살펴볼게요.

첫째, 실수한 자신을 끝까지 몰아붙일 때입니다. '바보 같아. 진짜 한심해.' 실수는 돌아보라고 있는 것인데 비난만 하면 배움의 기회를 놓칩니다. 둘째, 감정을 무시할 때입니다. '그냥 별일 아냐. 다들 그렇잖아.' 이렇게 외면한 감정은 마음속에 응어리로 남아 자기이해와 회복의 기회를 막습니다. 셋째, 한 번의 실패로 나를 단정 지을 때입니다. '이래서 난 안 돼.' 이런 생각은 미래의 가능성까지 포기하게 만듭니다. 넷째, 타인과 비교하여 자신을 깎아내릴 때입니다. '나는 지금껏 뭐 했나.' 비교는 자기효능감과 성취 의지를 떨어뜨립니다.

무엇이 불안한지 묻고 그 감정을 위로할수록 삶의 고비에서 다시 걸어 나올 힘이 생깁니다.

Date   /   /   /

Today's Mood   😊   😐   ☹

✏️ Do It Yourself

지금 나 자신에게 전하고 싶은 위로의 말은

📖 Author's Profile

랩프 월도 에머슨(Ralph Waldo Emerson, 1803~1882) 미국의 사상가이자 문학가이다. 초월주의를 대표하는 인물로, 개인의 자율성과 자연의 조화를 강조한 글을 다수 남겼다.

DAY 090 | 행위와 존재를 구분하는 용서와 자기용서

> To forgive is to set a prisoner free
> and discover that the prisoner was you.
>
> 용서란 죄수를 풀어 주는 일인데,
> 바로 그 죄수가 나 자신임을 깨닫게 되는 일이다.

'왜 그때 그렇게밖에 하지 못했을까?'라고 심하게 자책한다면, 어쩌면 자신을 벌하고 있는지도 모릅니다. 실수했던 일, 상처를 주었던 말, 후회되는 선택에 여전히 스스로를 가두는 것은 아닌지요. 지금의 시선으로 과거의 나를 비난하는 것은 불공정한 재판입니다. 그 대신 우리가 해야 할 일은 스스로에게 '이해할 수 있는 이야기'를 다시 들려주는 것입니다. '그때 나는 어떤 마음이었을까?' '그 상황에서 정말 다른 선택이 가능했을까?' 아마 그때의 나는 나름의 최선을 다했을 것입니다.

그다음에는 이런 질문이 필요합니다. '나는 왜 나를 용서하지 못할까?' 죄책감을 품고 있으면 내가 덜 나쁜 사람처럼 느껴지기도 하고, 잘못을 진짜 인정한 후 책임을 마주하는 일이 두려울 수도 있거든요. '용서'란 그 사건을 지우는 것이 아닙니다. 그 사건과 함께 살아갈 힘을 되찾는 일이지요.

Date   /   /

Today's Mood   ☺ ☺ ☹

✏️ **Do It Yourself**

나를 용서하지 않았던 나에게 사과해.

이제는

📖 **Author's Profile**

루이스 B. 스메데스(Lewis B. Smedes, 1921~2002) 미국의 윤리학자이자 신학자이다. '용서'라는 주제를 심리적인 측면과 영적인 관점에서 깊이 탐구했다.

DAY 091

쉬는 것도 능력

Almost everything will work again
if you unplug it for a few minutes, including you.

당신을 포함하여 거의 모든 것은
몇 분 동안 플러그를 뽑아 두면 다시 작동한다.

휴식은 일을 더 잘하기 위해 필요한 것이 아닙니다. 쉼을 생산성을 높이기 위한 수단으로만 여기는 태도는 자기 자신을 '기능적 도구'로 대하는 것과 같습니다. 우리에게는 '수행(doing mode)의 시간'과 함께 '존재(being mode)의 시간'도 반드시 필요합니다. 아무것도 하지 않아도 괜찮은, 목적 없이 머무는 순간 말이에요.

하지만 참 쉽지 않습니다. 내면의 '밀어붙이는 자아'가 자꾸 이렇게 말하거든요. "지금 이럴 때가 아니야." 하지만 이런 생각이야말로 언젠가 나를 완전히 멈추게 만들 수 있습니다. '아무것도 하지 않으면 나 자신이 아무것도 아닌 것 같다'는 두려움을 바라보고 달래 주세요. 그 두려움도 나를 더 잘 살게 하려는 마음이니까요. 그리고 이렇게 말해 주세요. "괜찮아. 지금 쉰다고 어떻게 되지 않아. 우리는 잠시의 침묵과 고요 속에서 존재함을 경험할 뿐이야."

Date   /   /   /

Today's Mood   ☺ 😐 ☹

✏️ Do It Yourself

내 안의 '밀어붙이는 자아'가 자주 하는 말은

* 그 자아의 목소리는 부모 혹은 누구의 것과 닮았나요?

📖 Author's Profile

앤 래머트(Anne Lamott, 1954~) 미국의 에세이스트이다. 영성에 대한 관점과 일상의 통찰이 담긴 글쓰기로 사랑받고 있다. 용서, 믿음, 회복을 주제로 삶의 고통과 희망을 진솔하게 그려 낸다.

DAY 092 내 '욕구의 얼굴'을 다정하게 마주하기

May you allow all the facets of being
here to be held, to be seen,
to be heard and tended to, as if all of it belongs.
여기에 존재하는 모든 면이 품어지고, 보여지고, 들려지며
돌봄받을 수 있길 바란다.

상담이나 강의를 마치고 나면, 저는 꼭 소리를 내어 나에게 말해 줍니다. "정말 수고 많았어. 최선을 다했지? 고마워!" 이제는 습관이 됐는데도 나에게 보내는 지지와 감사의 마음은 날마다 깊어집니다. 누군가가 이런 말을 해 준다면 참 힘이 날 것 같습니다. 그런데 그 누군가가 항상 곁에 있을 수는 없지요. 그 대신 나는 언제든지 필요할 때 나에게 그 '누군가'가 되어 줄 수 있습니다.

가끔은 이런 생각이 들 때도 있습니다. '내가 참고 말지.' '이 정도는 견뎌야지.' 그러다 보면 자기돌봄의 신호들을 지나치기 쉽습니다. 누군가와 연결되고 싶다는 바람, 나를 좀 안아 달라는 속삭임. 별것 아닌 욕구 같지만, 그 '욕구의 얼굴'이야말로 내가 매일매일 바라보고 미소 지어야 하는 '나'입니다. 이렇게 자기수용과 자기돌봄은 나의 욕구를 인정하는 것에서 시작됩니다. 그것은 나를 향한 아주 사적인 윤리입니다.

Date　　　/　　　/　　　/
Today's Mood　　😊　😐　☹️

✏️ **Do It Yourself**

오늘 내 '욕구의 얼굴'에 드러난 표정은

* 오늘 당신이 자신에게 실천할 아주 사적인 윤리는 무엇인가요?

📖 **Author's Profile**

리사 올리베라(Lisa Olivera, 1988~) 미국의 심리치료사이자 작가이다. 상처받은 자아를 다정하게 이해하고 돌보는 글이 대중의 호응을 이끌어 냈다. 위로를 건네는 방식이 세심하다.

DAY 093

그래도 돼, 그럴 수 있어

> Self-acceptance is not the end point of healing.
> It's the beginning of being fully alive.
>
> 자기수용은 치유의 종착점이 아니다.
> 온전히 살아가는 삶의 출발점이다.

마음이 아픈 사람들이 겪는 어려움 중 하나는 자기수용이 쉽지 않다는 점입니다. 부족해 보이는 내가 마음에 안 들고, '게으르면 안 돼' '실수하면 안 돼' 같은 목소리가 끊임없이 스스로를 몰아세웁니다.

'자기수용'이란, 내 마음에 썩 들지 않는 나도 '나'라고 인정하는 일입니다. 즉, '괜찮지 않은 나'도 괜찮게 여기는 너그러움이지요. 자기를 수용하는 사람은 상처 입은 자아와 함께 살아갈 줄 압니다. 결핍과 불안으로 흔들리는 나를 다그치기보다 공감하며 감싸안습니다.

무조건 '이래도 돼' 하며 덮어 주는 게 아니라, 그럴 수밖에 없는 나를 뼈아프게 이해하고 용서하는 일입니다. '난 원래 이런 사람이야' 하고 마침표를 찍어 버리는 것이 아니라, 쉼표를 찍고 나서 그다음을 계속 살아가는 태도입니다. 이런 적극적인 '끌어안음'이 자기돌봄의 핵심입니다.

Date   /   /

Today's Mood   ☺   😐   ☹

✏️ **Do It Yourself**

내 마음에 썩 들지 않는 부분은

* 당신의 그 측면을 친절하게 대하면 어떤 일이 일어날까요?

📖 **Author's Profile**

작자 미상 심리 회복을 위한 온라인 커뮤니티 및 저널에서 널리 회자되는 문장이다.

DAY 094

그저 흐르는 강물처럼

But nothing that can be said can begin to take away
the anguish and the pain of these moments.
Grief is the price we pay for love.

하지만 이 순간들의 고뇌와 고통을 덜어 낼 수 있는 말은 없습니다.
슬픔은 우리가 사랑에 치르는 대가입니다.

마음에 품은 슬픔이 있나요? 여전히 슬픔에 머물러 있는 자신을 이상하다고 여기거나 자책하지는 않나요. 이제는 그러지 마세요. 슬픔뿐 아니라 그 어떤 감정도 정복하거나 극복하는 대상이 아니랍니다. 특히 슬픔은 우리가 얼마나 깊이 사랑했고 무엇을 소중히 여겼는지 알려 주는 감정입니다.

힘든 일을 겪었던 친구를 오랜만에 만난다면 어떤 말을 건네야 할까요? "이제는 다 괜찮지?" "너는 강하니까 이겨낼 수 있어." 이런 말은 위로가 되기보다 오히려 마음의 짐이 될 수도 있습니다. 그 대신에 "아직도 문득문득 생각나지?", 아니면 그저 다정하게 "좀 어때?"라고 물은 뒤 친구의 말을 잘 들어 주면 됩니다. 나 자신에게도 마찬가지입니다. 어른이 된다는 것은 슬픔이든 그리움이든 내 삶의 한 페이지를 물들인 감정들과 함께 살아가는 법을 배우는 일입니다.

Date   /   /   /

Today's Mood   ☺   ☻   ☹

✏️ **Do It Yourself**

요즘 나의 상황은

📖 Author's Profile

엘리자베스 2세 여왕(Queen Elizabeth II, 1926~2022) 영국과 영연방 왕국의 국왕으로 70년간 재위했다. 노블레스 오블리주를 실천하여 왕실의 권위를 높였으며, 왕국의 존립을 위해 평생 헌신했다.

DAY 095

심판관 역할 그만두기

> God, grant me the serenity to accept the things I cannot change,
> courage to change the things I can,
> and wisdom to know the difference.
>
> 신이여, 바꿀 수 없는 것을 받아들이는 평온함과,
> 바꿀 수 있는 것을 바꾸는 용기와, 그 차이를 아는 지혜를 주소서.

연인의 말 한마디에 마음이 상해서 그 말이 얼마나 부적절한지 계속 설명하고 싶은 충동, 부모에게 받은 상처를 수십 년째 곱씹으며 "당신 때문이야!"라며 항변하고 싶은 마음. 모두 '나 됨'의 상처를 치유하고자 분투하는 방식입니다.

억울함은 특히 인정욕구와 애정욕구가 좌절됐을 때 분노와 함께 드러나는 자기애적 상처입니다. 상처를 기억하는 건 자연스러운 일입니다. 하지만 마음속 '상처 장부'를 자주 꺼내 보면서 고통을 반복 재생하지는 마세요. '너는 가해자, 나는 피해자'라는 도식에 갇히기 때문입니다. 그럴수록 더 깊은 분노의 수렁에 빠지게 되지요. 상처받은 나를 알아 달라는 그 마음을 밖으로 향하게 하기보다, 내 안에서 따뜻하게 돌보는 것이 치유에 더 가까운 길입니다. 그 방법은 상처 장부를 내려놓고 심판관 역할을 그만두는 것입니다. 그 어둡고 무거운 것을 왜 계속 들고 있어야 할까요. 정말 그래야만 하나요?

Date   /   /   /

Today's Mood   ☺ 😐 ☹

✏️ **Do It Yourself**

내 안의 '심판관'이 주로 등장하는 순간은

* 스스로 심판관 역할을 그만둔다면 어떤 자유가 생길까요?

📖 **Author's Profile**

라인홀드 니부어(Reinhold Niebuhr, 1892~1971) 미국의 사회윤리학자이자 신학자이며 정치철학자이다. 옥스퍼드, 하버드, 프린스턴, 예일 등 여러 대학에서 명예박사 학위를 받았다.

| DAY 096 | 약함은 드러낼수록 강해지는 법 |

> Guilt: I'm sorry. I made a mistake.
> Shame: I'm sorry. I am a mistake.
> 죄책감: 죄송합니다. 제가 실수했습니다.
> 수치심: 죄송합니다. 제가 실수입니다.

수치심은 우리에게 익숙한 모든 곳에서 느낄 수 있습니다. 신체, 직업, 가족, 돈, 종교 같은 영역이 모두 수치심의 통로가 될 수 있으니까요. 하지만 그 이야기를 꺼내기는 참 어렵습니다. 왠지 나에게 근본적으로 잘못된 구석이 있다는 느낌이 들고, 혹시라도 그 결함이 드러날까 봐 두렵기 때문이지요.

그러나 '나는 잘못된 사람'이라는 느낌은 사실이 아닙니다. 내가 부족하거나, 모자라거나, 때로 환영받지 못한다고 느낄지라도 그런 감정이 내 존재의 오류를 의미하지는 않습니다. 우리에게는 결핍이 있을 뿐 결함은 없습니다. 이제부터는 부정적인 감정의 실체를 이해하고 회복하는 힘을 키우면 됩니다. 우리에게 필요한 것은 좀 더 솔직해지려는 노력, 안전한 사람 앞에서 취약성을 드러내는 연습, 가까운 사람들의 사랑을 그대로 받아들이는 마음입니다. 취약성을 드러낼수록 우리 마음은 강해집니다.

Date　　　/　　　/
Today's Mood

✏️ Do It Yourself

솔직히 말하면 나는

어른스럽지 않아도 된다면 나는

📖 Author's Profile

브레네 브라운(Brené Brown, 1965~) 미국의 사회복지학자이다. 현대인이 겪는 감정의 근원을 연구해 온 심리 전문가이며, 휴스턴대학교 사회복지대학원에서 연구 교수로 재직 중이다.

DAY 097 — 그림자, 어두운 반려자를 끌어안기

I love the dark hours of my being.
My mind deepens into them.
There I can find, as in old letters,
the days of my life, already lived,
and held like a legend,
and understood.

나는 내 존재의 어두운 시간들을 사랑한다.
그 속으로 스며들며, 내 마음은 더 깊어진다.
그곳에서 나는 오래된 편지를 보듯,
이미 살아온 내 인생의 날들을 발견한다.
그것들은 전설처럼 간직되고, 비로소 이해된다.

Date   /   /

Today's Mood   ☺ ☻ ☹

Author's Profile

라이너 마리아 릴케(Rainer Maria Rilke, 1875~1926) 20세기의 위대한 시인 가운데 한 명으로 꼽히는 프라하 출신의 오스트리아 작가이다. 한국 시인 백석, 윤동주에게도 문학적 영향을 끼쳤다.

살면서 마주하기 힘든 것은 그 무엇보다 나 자신입니다. 특히 인정하고 싶지 않은 내 모습이나 불편한 감정은 더욱 그렇지요. 카를 구스타프 융은 이런 내면의 어두운 부분을 '그림자'라고 하였습니다. 이는 자아로부터 배척되어 무의식에 억압된 성격의 한 측면입니다. 그림자는 대개 타인을 통해 자극됩니다. 예를 들어 타인에게 무시당했다고 느낄 때 스스로 '가치 없음'이라고 느끼는 내면의 그림자가 활성화됐을 가능성이 높습니다. 그렇기 때문에 불편한 사람이야말로 내 그림자를 비추는 거울이 됩니다. 직면하고 받아들인다면 성숙으로 이끌어 주는 고마운 존재입니다.

또한 내가 외면한 감정과 상처 안에도 나의 가능성과 진실이 숨어 있습니다. 질투하는 자신을 부끄러워했는데 그 감정 덕분에 진짜 원하는 게 무엇인지 알 수 있는 것처럼 말이에요. 어둠은 의식의 빛으로 밝히는 것입니다.

✏️ Do It Yourself

최근 가장 불편한 사람은
....
....

* 그를 통해 당신의 어떤 점을 비춰 볼 수 있을까요?
....
....

If you hate a person,
you hate something in him that is part of yourself.
What isn't part of ourselves doesn't disturb us.

당신이 어떤 사람을 미워한다면,
그 미워하는 무엇인가가 바로 당신 자신의 일부이다.
우리 자신 안에 속하지 않는 것은 우리를 괴롭히지 않는다.

헤르만 헤세(Hermann Hesse)

DAY 098

나를 살리는 글쓰기

> We should write because writing is good for the soul.
>
> 우리는 글을 써야 한다.
> 글쓰기는 영혼에 좋기 때문이다.

감정을 감당하기 어려울 때가 있습니다. 상실을 겪는다거나 도무지 이유를 알 수 없는 불안이 밀려올 때 더욱 그렇지요. 그럴 때는 차라리 무너지세요. 단, 안전하지 않은 곳에서 그렇게 하면 안 되겠지요. 글쓰기는 누구에게도 방해받지 않고 온전히 나 자신과 마주할 수 있기에 안전합니다. 글쓰기가 이끄는 치유와 회복의 힘에 대해 알아볼까요?

첫째, 막연하고 복잡한 감정을 명료하게 정리해 줍니다. 글로 옮기는 순간 감정은 언어로 구체화되고 혼란은 차츰 사그라듭니다. 둘째, 자기이해가 깊어집니다. 감정의 뿌리나 상처의 원인을 발견하게 되지요. 셋째, 창조적인 삶을 살게 합니다. 자기표현이 자유로워질수록 생각은 깊고 유연해집니다.

지금 마음속에 떠오르는 질문이 있다면 그것부터 써 보세요. "왜 이렇게 불안하지?" 이런 한 문장으로 자기대화가 시작됩니다.

Date   /   /   /

Today's Mood   ☺ ☺ ☹

✏️ **Do It Yourself**

오늘 나에게 하고 싶은 질문은

* 그 질문의 답변은 무엇일까요?

📖 **Author's Profile**

줄리아 캐머런(Julia Cameron, 1948~) 미국의 작가이자 교육자이다. 『아티스트 웨이』를 통해 창조성을 회복하고 글쓰기에 동기를 부여했다. 자기표현 및 예술 치유 분야의 선구자로 불린다.

DAY 099

내게 주는 가장 귀한 선물

Forgiveness is for yourself because it frees you.
It lets you out of that prison you put yourself in.

용서는 당신을 자유롭게 하기 때문에 당신 자신을 위한 것이다.
이것은 당신이 스스로를 가둔 감옥에서 나오게 해 준다.

"나를 용서하라." 이 말이 낯설게 느껴지거나, 저항감이 들지도 모르겠습니다. '자기용서'란 내가 저지른 잘못을 무조건 덮거나 잊으라는 뜻이 아닙니다. 오히려 죄 없는 나를 죄인 취급한 것에 대해 용서를 구하는 일이지요.

"나는 그럴 자격이 없어."라고 말하며 스스로에게 '좋은 것'을 허락하지 않았던 일, 끊임없이 자신을 의심하고 비난했던 일, 부끄럽다며 나를 감추려 했던 일. 그런 나에게 이제 말해 주는 것입니다. "그때는 내가 잘 몰랐어. 그게 너를 위한 일이라고만 생각했어. 스스로에게 이해받지 못하고 사랑받지 못해서 많이 속상하고 외로웠을 거야. 이제야 알게 되어서 미안해."

만약 죄책감을 쉽게 떠안는 성향이라면 자신에게 포용적인 태도를 갖기 어렵습니다. 하지만 그조차 나를 지키려는 방식이라는 걸 이해해 주세요. 그리고 이렇게 말해 주세요. "천천히 가도 괜찮아. 나는 기다릴 수 있어."

Date   /   /   /

Today's Mood   ☺   ☺   ☹

✏️ Do It Yourself

나에게 사과의 편지를 쓴다면

미안해…

📖 Author's Profile

루이즈 L. 헤이(Louise L. Hay, 1926~2017) 심리적·영적 문제를 다루는, 미국의 대표적인 형이상학 강사이자 베스트셀러 작가이다. 저서로는 『치유: 있는 그대로의 나를 사랑하라』가 있다.

DAY 100　　　　인생을 다르게 플레이하는 법

> Most people consider life a battle,
> but it is not a battle, it is a game.
> 대부분 사람은 인생을 전쟁이라고 생각하지만,
> 인생은 전쟁이 아니라 게임이다.

"세상은 정글이고, 인생은 생존 경쟁이다." 이런 말을 들으면 어떤 기분이 드나요? 마음을 다잡게 되기도 하지만, 한편으로는 지치기도 합니다. 그런데 꼭 이렇게 살아야만 하는 걸까요? 우리가 인간답게 살려면 그것도 좀 멋진 인간으로 살려면 우리 삶을 '놀이'로 바라볼 필요가 있습니다. 놀이하듯 몰입하면서도 자유롭게, 규칙을 따르면서도 창의적으로 살아갈 수 있어요. 우리는 이미 각자의 삶에서 저마다 역할을 맡고 있습니다. 그 안에서는 도전과 배움이 끝없이 펼쳐지고 있지요. 이 모든 것이 '유희'이며 삶에 '참여'하는 방식입니다.

물론 인생은 쉽지 않습니다. 하지만 놀이의 관점으로 보면 모든 고됨 안에 숨은 질서가 보입니다. 아이들이 쉬운 퍼즐에 흥미를 잃고 더 어려운 퍼즐을 찾듯이, 우리도 '인생'이라는 퍼즐 속에서 의외의 의미와 기쁨을 찾아갑니다. 그렇게 우리 삶은 하나의 진지하고도 흥미로운 놀이터가 됩니다.

Date   /   /

Today's Mood   ☺   😐   ☹

✏️ Do It Yourself

삶을 놀이처럼 살아가려면, 나는

📖 Author's Profile

플로렌스 스코블 신(Florence Scovel Shinn, 1871~1940) 미국의 작가이자 영성지도자이다. 긍정적 사고와 끌어당김의 법칙을 강조했으며, 저서로는 『인생을 바꾸는 게임의 규칙』이 있다.

EPILOGUE

더 밝은 의식의 빛으로

책 쓰기를 마무리할 즈음이 되면 마음이 복잡해집니다. 이 책이 독자에게 도움이 될까 하는 걱정도 스치고, 못다 한 이야기가 떠올라 아쉬움이 남기도 합니다. 동시에 미약하나마 배우고 깨달은 것을 세상에 나눌 수 있어서 감사하며, 낯선 길을 떠나기 전 느껴지는 설렘 또한 함께합니다.

이 책을 덮는 지금, 당신의 마음은 어떤가요? 감정을 대하는 자신의 태도를 돌아볼 수 있었는지, 혹은 감정의 본질에 대한 이해가 조금은 더 깊어졌는지요? 나아가 자신에 대한 인식이 넓어지고, 앞으로의 삶을 어떤 방향으로 이끌어가야 할지 그 윤곽이 조금은 선명해졌기를 소망합니다.

변화라는 것은 강렬한 계기로 단번에 일어나기도 하지만, 대부분은 가랑비에 옷 젖듯 천천히 이뤄집니다. 우리가 어떤 식의 변화를 맞게 될지 알 수 없습니다. 다만 자신을 믿고, 이 순간 더 가치 있다고 느끼는 것을 일단 시작하는 것이 중요합니다. 그러다 보면 어느 순간 알게 됩니다. 불안한 상황이 펼쳐져도 휘둘리지 않고 한발 물러설 수 있다는 것을요. 그것을 인지한다면 당신은 이전보다 더 성장해 있을 거예요. 평온할 때는 잘 모릅니다. 역경에 강한지는 역경에 부딪히기 전까지는 알 수 없는 것처럼 말입니다.

지금 이 글을 읽는 당신이라면 변화의 욕구와 의지력이 큰 사람일 것입니다. 그 용기와 꾸준함에 진심으로 지지와 격려의 마음을 보냅니다. 책을 덮은 이 순간이 끝이 아니라 새로운 시작이 되길 바랍니다. 완벽한 사람은 물론, 너무 대단한 사람이 되려고도 하지 마세요. 불완전함을 품은 채 살아가는 용기, 그것이야말로 진짜 성숙의 징표이니까요. 불안해도 얼마든지 잘 살 수 있음을 받아들이면 좋겠습니다. 우리의 목적은 상처를 품은 채 살아가는 힘을 기르는 것이니까요.

감정은 억제한다고 사라지지 않습니다. 밀어낼수록 더 깊이 뿌리내리지요. 특히 내면에 뿌리내린 부정적인 핵심 감정은 더욱 쉽게 바뀌지 않습니다. 다만 우리가 그것을 대하는 태도는 달라질 수 있습니다. 이제 당신은 부정적인 감정을 억누르기보다, 그 안에서 자신의 그림자를 읽어 낼 수 있을 것입니다. 자기 그림자를 인식하고 받아들이는 사람만이 타인의 그림자도 이해할 수 있습니다. 그렇게 관계의 마찰은 줄고, 내면의 소란스러움은 잦아들고 점점 고요해집니다.

겉으로는 일도 무난히 해내고 사람들과도 그럭저럭 잘 지내지만, 정서적으로 미성숙한 경우가 많습니다. 자신의 욕구 불만이 어디에서 비롯되는지 알지 못하거나, 해결해야 할 심리적 과제를 풀지 못한 채 겉으로만 그럴듯해 보이는 것이지요. 이런 상태에서는 자기소외가 일어나기 마련입니다. 얼핏 '괜찮은 사람'으로 보이지만, 정작 자신은 내가 누구인지 모른 채 그 이미지에 스스로 속아 버리는 것입니다.

아브라함 매슬로(Abraham H. Maslow)는 이러한 현상을 '유사성장(pseudo-growth)'이라 했습니다. 유사성장 상태에 있는 사람은 불쑥불쑥 밀려오는 공허함, 별안간 치밀어 오르는 짜증과 원망을 피하기 어렵습니다. 뚜렷한 이유도 모른 채 사는 일이 막막하게 느껴지고, 타인을 통해서만 안전감과 만족감을 느끼게 됩니다.

성숙이란 감정에 휘둘리지 않으면서도 감정으로부터 멀어지지 않는 법을 배우는 과정입니다. 자신을 객관적으로 볼 수 있으면서도 내면과 단절되지 않고, 타인과 경계를 지키면서도 연결될 수 있을 때 우리는 비로소 품위 있는 성숙에 다가섭니다. 자신을 존중하고, 타인에게 너그러워지는 연습을 멈추지 마세요.

앞으로도 당신의 일상에서 치유와 성숙의 도구로써 필사와 글쓰기가 함께하길 바랍니다. 하루를 시작하기 전, 5분쯤 시간을 내어 명상하듯 글을 써보세요. 오늘의 나를 있는 그대로 받아들이고, 만나는 사람들에게 다정하겠다는 다짐, 그리고 흔들릴 때 흔들리더라도 결국엔 내 중심을 지키겠다는 약속을 적어 보는 것입니다. 정신이 산란할 땐 그저 마음이 들려주는 소리를 받아 적어도 좋습니다. 글쓰기를 통한 마음의 접속은 가장 안전하면서도 깊은 통찰을 가져다 줍니다. 이런 작은 실천이 곧 나를 사랑하는 일이며, 삶을 기꺼이 경험하는 일이 됩니다.

마지막으로 한 가지 당부하고 싶습니다. 욕구와 감정을 두려워하지 마세요. 그것은 당신을 당신답게 살게 하는 가장 중요한 표지입니다. 그리고 남 탓하는 마음을 내려놓고, 내 삶의 자율성과 책임감을 잃지 마세요. 그래야 남의 눈에 들려고 전전긍긍하지 않으며, 타인의 반응에 따라 행복과 불행이 오락가락하지 않습니다. 그럴 때 우리는 더 밝은 의식의 빛을 얻게 되고, 스스로 빛을 내는 존재가 됩니다.

부디 당신 안에 깃든 빛으로 당신 자신과 주변을 따뜻하고 밝게 비추기를 기원합니다.

지은이 한경은

통합예술심리상담연구소 나루 대표. 통합예술치료학 박사. 심리상담과 의식성장 프로그램을 운영하며 삶의 실존적 고통을 있는 그대로 마주할 힘을 기를 수 있도록 돕고 있다. 감정과 무의식을 섬세하게 읽어 내는 통찰과 변화를 이끄는 실천을 중요하게 여긴다. 쓴 책으로 『잡는 법과 놓는 법』, 『당신은 그때 최선을 다했다』, 『당신 생각은 사양합니다』 등이 있다.

@healing_naru

오롯이 나로 살아가는 심리학과 치유 글쓰기
내 마음을 지키는 감정 필사

초판 1쇄 인쇄 2025년 11월 1일
초판 1쇄 발행 2025년 11월 24일

지은이 한경은

대표 장선희 총괄 이영철
책임편집 정시아 기획편집 안미성, 오향림
책임 디자인 이승은 디자인 장혜미
마케팅 김성현, 이은진, 양아람, 서세원, 박현우
경영관리 전선애

펴낸곳 서사원 출판등록 제2023-000199호
주소 서울시 마포구 성암로 330 DMC첨단산업센터 713호
전화 02-898-8768 팩스 02-6008-1673 이메일 cr@seosawon.com

홈페이지   인스타그램

ⓒ 한경은

ISBN 979-11-6822-478-0 03190

· 이 책은 저작권법에 따라 보호를 받는 저작물이므로 무단 전재와 무단 복제를 금지합니다.
· 이 책 내용의 전부 또는 일부를 이용하려면 반드시 저작권자와 서사원 주식회사의 서면 동의를 받아야 합니다.
· 잘못된 책은 구입하신 서점에서 바꿔 드립니다.   · 책값은 뒤표지에 있습니다.

서사원은 독자 여러분의 책에 관한 아이디어와 원고 투고를 설레는 마음으로 기다리고 있습니다. 책으로 엮기를 원하는 아이디어가 있는 분은 서사원 홈페이지의 '출간 문의'로 원고와 출간 기획서를 보내주세요. 고민을 멈추고 실행해보세요. 꿈이 이루어집니다.